Pierre Gauvreau
Les trois temps d'une paix
Entretiens avec Michel Désautels
est le cinquième titre de cette collection
dirigée par Jean Royer.

Cher René, en égrenant
ce chapelet de souvenirs
qui nous relie

Pierre Gauvreau

L'auteur remercie les employés du service des archives de Radio-Canada, ses photographes, et surtout Janine Carreau dont l'attention, la mémoire et le souci de la précision ne se sont jamais démentis.

L'Hexagone bénéficie du soutien du ministère du Patrimoine du Canada et de la Société de développement des entreprises culturelles du Québec pour son programme d'édition.

Nous remercions le Conseil des Arts du Canada de l'aide accordée à notre programme de publication.

Pierre Gauvreau

Les trois temps d'une paix

Titres parus
dans la collection «Entretiens»

Derouin, René	*L'Espace et la Densité* Entretiens avec Michel-Pierre Sarrazin
Nadeau, Jean-François	*LaPalme, la caricature et autres sujets sérieux*
Perrault, Pierre	*Cinéaste de la parole* Entretiens avec Paul Warren
Pérusse, Denise	*Micheline Lanctôt, la vie d'une héroïne*

MICHEL DÉSAUTELS

Pierre Gauvreau

Les trois temps d'une paix

Entretiens

l'HEXAGONE

Éditions de l'HEXAGONE
Une division du groupe Ville-Marie Littérature
1010, rue de La Gauchetière Est
Montréal, Québec H2L 2N5
Tél.: (514) 523-1182
Téléc: (514) 282-7530
Courrier électronique: vml@sogides.com

Maquette de la couverture: Christiane Houle
Photographie de la couverture: Janine Carreau
Toutes les photographies en noir et blanc proviennent des archives de Radio-Canada.

Données de catalogage avant publication (Canada)

Gauvreau, Pierre, 1922-
Pierre Gauvreau: les trois temps d'une paix
(Entretiens)
ISBN 2-89006-590-1

I. Gauvreau, Pierre, 1922- . - Entretiens. 2. Écrivains canadiens-français-Québec (Province) - Entretiens. I. Désautels, Michel, 1951- . II. Titre. III. Collection: Collection Entretiens (Montréal, Québec).

PS8563.A866Z53 1997 C843'.54 C97-941397-4
PS9563.A866Z53 1997
PQ3919.2.G38Z47 1997

DISTRIBUTEURS EXCLUSIFS:

• Pour le Québec, le Canada et les États-Unis:
LES MESSAGERIES ADP*
955, rue Amherst, Montréal, Québec H2L 3K4
Tél.: (514) 523-1182
Téléc.: (514) 939-0406
*Filiale de Sogides ltée

• Pour la Belgique et le Luxembourg:
PRESSES DE BELGIQUE S.A.
Boulevard de l'Europe, 117, B-1301 Wavre
Tél.: (010) 42-03-20
Téléc.: (010) 41-20-24

• Pour la Suisse:
TRANSAT S.A.
Route des Jeunes, 4 Ter, C.P. 125, 1211 Genève 26
Tél.: (41-22) 342-77-40
Téléc.: (41-22) 343-46-46

• Pour la France:
D.E.Q.
30, rue Gay Lussac, 75005 Paris
Tél.: 01 43 54 49 02
Télec.: 01 43 54 39 15
Courrier électronique: liquebec@imaginet.fr

Dépôt légal: 4e trimestre 1997
Bibliothèque nationale du Québec
Bibliothèque nationale du Canada

ISBN 2-89006-590-1

Pour mes fils Alexis et Saddia,
ces réflexions d'un homme libre.

M. D.

Avant-propos

J'ai toujours connu Pierre Gauvreau. C'est ce que je croyais. Le Gauvreau que j'ai connu, c'était le réalisateur de télévision. C'était au début des années soixante. Il venait de prendre la barre de *Rue de l'Anse*, une série tournée sur film pour Radio-Canada dont l'action se déroulait dans un petit village de Gaspésie autour de la famille d'un capitaine de goélette. Enfant comédien, je jouais le rôle d'un ami du fils de la famille.

Les premières images que je conserve de ce Gauvreau-là sont celles d'un homme sérieux, une éternelle cigarette coincée entre les lèvres dont la fumée, en remontant lentement le long de son visage, lui faisait fermer un œil. Il parlait d'une voix douce et particulière, comme sans arrêt enrhumée, avec un timbre chaud et plein de nuances, une voix qui est restée la même, presque quarante ans plus tard.

À mes yeux d'enfant, il dégageait une force tranquille et rassurante que l'on sentait capable aussi de se déchaîner. Ce qui se produisit une fois ou deux au cours des trois années de cette production. Les motifs de ces colères sont sortis de ma mémoire, mais je garde l'impression qu'elles étaient justifiées. L'autorité naturelle qui émanait de toute sa personne imposait un respect qui m'a frappé. Je me souviens aussi qu'on riait beaucoup sur le plateau, et aussi de l'énorme succès de la série.

J'aimais beaucoup Gauvreau. Ses rapports avec les comédiens étaient chaleureux, et davantage encore avec nous, les enfants. Il faisait preuve de beaucoup de doigté, et je ne me rappelle pas avoir eu l'impression de «travailler». J'étais peut-être le moins extraverti du groupe de jeunes comédiens qu'il avait à diriger, le plus timide aussi, mais sa façon de me proposer ce que je devais jouer me rendait la vie facile. Cette confiance en Gauvreau était, je crois, partagée par tous, comédiens et techniciens. Lorsqu'il portait à son œil le petit viseur accroché en permanence à son cou, qu'il levait la tête vers le ciel pour vérifier si les nuages allaient masquer le soleil encore longtemps, j'avais tout à fait confiance que les conditions parfaites se mettraient en place pour la prochaine prise..., et ça ne ratait pas!

J'ai perdu Gauvreau de vue pendant plusieurs années. Je savais de loin ce qu'il faisait, mais nous ne nous sommes pas revus. Nous nous sommes croisés quelques fois dans les corridors de Radio-Canada où j'étais devenu entre-temps journaliste et animateur. Rencontres brèves mais chaleureuses qui me laissaient chaque fois avec le regret de ne pouvoir poursuivre plus loin. De ne pas pouvoir parler des deux autres Pierre Gauvreau: le peintre et l'auteur.

Les entretiens qui suivent sont nés du désir de connaître quelqu'un qui fait partie de ma vie, de nos vies, depuis toujours. Du jeune homme que Paul-Émile Borduas appelait «le peintre-né» à l'auteur de télévision très populaire, en passant par le réalisateur prolifique, c'est l'immense chemin d'une vie riche et généreuse que j'ai parcouru avec lui tout au long de rencontres qui se sont déroulées à l'automne 1996 et à l'hiver 1997. La plupart du temps, nous nous retrouvions le matin, dans son appartement de la rue Cherrier, à Montréal. Au dernier étage d'un de ces édifices de pierre grise de Montréal, il vit avec sa compagne, la peintre Janine Carreau, dans un monde de couleurs et de liberté.

Lors de ma première visite, le vaste appartement semblait complètement vide. Un ouvrier devant refaire les plâtres, les murs, d'ordinaire couverts de tableaux de Gauvreau, de Carreau et d'amis nouveaux ou anciens, étaient parfaitement nus et blancs. Le puits de lumière audessus de la pièce centrale accentuait encore davantage cette étrange impression de vide.

Sur cette toile vierge, nous avons commencé ensemble, par petites touches, à recomposer les éléments de sa vie d'artiste.

Avec ma curiosité comme boussole, en acceptant les méandres de sa mémoire, nous sommes remontés dans le passé. Dans les passés de Pierre Gauvreau, qui sont toujours son présent. En suivant notre parcours, vous découvrirez aussi, je l'espère, l'homme de création dans ses trois temps: peintre, réalisateur, écrivain.

Les trois temps d'une paix.

Entretiens

L'enfant d'une famille rebelle

Des dizaines d'articles et des catalogues d'expositions, plus souvent publiés au Canada anglais qu'au Québec, s'accumulent sur ma table de travail. J'ai beau chercher, je ne trouve que peu de références personnelles sur Pierre Gauvreau. Non pas comme si on avait voulu cacher ou omettre des choses, mais plutôt comme si la discrétion de Gauvreau avait coulé sur le travail de ceux qui se sont penchés sur son œuvre. À bien y penser, c'est peut-être normal. Les critiques d'art ne touchent qu'aux aspects ayant trait à sa peinture (influences, formation...), les critiques de télévision glissent rapidement sur la personnalité de l'auteur et s'intéressent à ses personnages (Rose-Anna, Ti-Coune, mémère Bouchard), et personne ou presque ne se préoccupe du réalisateur. Quand on a soixante-quinze ans, que l'on a fait tant de choses, sans particulièrement chercher à se mettre en évidence, c'est le risque que l'on prend. Tout en sachant que cet ouvrage n'a aucune prétention biographique, pour faciliter la compréhension, je me dois d'obtenir quelques précisions. Au cours de la première rencontre, Gauvreau me parle de sa famille qui a joué un rôle de premier plan dans ses choix et dans son développement.

MICHEL DÉSAUTELS — *Pierre, vous êtes né à Montréal, le 23 août 1922. Est-ce que la famille Gauvreau est d'origine montréalaise?*

PIERRE GAUVREAU — Non, elle vient du Bas-du-Fleuve, puis de Québec. Elle est arrivée il y a très longtemps, sous le Régime français. Deux frères, je crois, se seraient brièvement installés à Trois-Rivières. C'étaient des marchands, des bourgeois. Mon grand-père Gauvreau, un homme d'âge mûr, a été le premier à s'établir à Montréal. Du côté de ma mère, les Saint-Mars, la famille était depuis un moment dans la région, à Longueuil. Il y a eu plusieurs générations de représentants et de députés. Ils soutenaient les libéraux, les vrais, ceux d'avant Laurier, qui appuyaient la révolte de 1837. Mon arrière-grand-père et mon grand-père ont été maires de Longueuil. Mon grand-père était associé à Cherrier. C'était un bourgeois libéral — on dirait de gauche aujourd'hui. Il souffrait d'une maladie assez peu banale et qui rend monstrueux: l'éléphantiasis. Lors de sa dernière réélection, les premiers signes avaient déjà fait leur apparition: tête enflée, mains difformes. Ça ne l'avait pas empêché d'être réélu. Comme il travaillait dans l'import-export, on pense qu'il aurait pu contracter cette affection au contact d'un des produits importés. Il est mort en 1917, à l'âge de quarante-cinq ans. Sa femme et ses enfants se sont retrouvés sans le sou. Dans la famille, on a toujours dit qu'ils avaient été dépouillés par son associé. Il faut dire qu'à l'époque, il n'existait aucun moyen de protection. Ils ont perdu tous leurs biens et ont dû travailler.

Donc, d'une famille très à l'aise et bourgeoise, les Saint-Mars sont devenus une famille aux goûts identiques, mais sans les mêmes ressources?

Oui. Ce que nous avons conservé en héritage de mon grand-père, c'est sa bibliothèque. Elle était considérable.

Il était abonné à la collection «Nelson», éditée à Londres. Ce Nelson était probablement parent avec les Nelson d'ici, des gens de gauche. C'était un bien extraordinaire, qui nous a protégés de l'Index, de toutes les censures, de la littérature catholique et réactionnaire. Il faut se souvenir que la France avait disparu pour bon nombre de nos ancêtres parce qu'elle était passée du côté du démon en devenant laïque et républicaine. Mon frère Claude et moi, comme livres d'enfants, on lisait *Les Trois Mousquetaires*, plutôt que *La Vie de Guy de Fond Galland*. Ça change un peu. On oublie trop qui étaient les jésuites qui sont revenus ici après la chute de l'Empire et la Restauration. Ils s'étaient réorganisés. C'étaient des gens de droite. Plus à droite, ça se peut pas. Ils avaient quitté le pays sous le Régime français, revenaient sous un Régime anglais qui leur laissait plus de liberté qu'ils n'en avaient eu en France ou en Espagne. Ils en ont bien profité, notamment en expurgeant les bibliothèques de tout ce qui n'allait pas dans le sens de leur pensée. Alors l'accès aux livres, à tous les livres, ça devenait primordial. Il faut savoir que lorsque j'avais quinze ans, la signature de son confesseur était nécessaire pour sortir un livre de Victor Hugo de la Bibliothèque de Montréal!

Du côté de votre mère, on trouve des libres penseurs, des gens qui aimaient les livres. Est-ce que c'était la même chose du côté de votre père?

Non. Mon père, je ne l'ai presque pas connu, je ne l'ai pas fréquenté. Ma mère et lui se sont séparés à la naissance de mon frère Claude. J'avais trois ans. Je suis prêt à admettre que c'était un homme avec des problèmes particuliers. Il était désemparé. Il adorait la vie militaire, mais la guerre était finie. Il n'avait pas de métier précis. Il avait une confiance absolue dans des idées comme, par exemple, le modernisme. Sur le plan politique et moral, il était resté un militaire. Il est allé travailler en Ontario; il a pour ainsi dire disparu pour ne revenir qu'au moment de la Seconde Guerre mondiale où il s'est enrôlé parmi les premiers. Mon frère et moi, on a donc vécu avec ma mère, ma tante Adrienne et ma grand-mère, dans trois appartements différents, rue Sherbrooke. Celui qu'on connaît le plus, car on y a présenté l'une des premières expositions automatistes en 1947, est situé au 75, rue Sherbrooke Ouest. Ma mère, Claude et moi y vivions ensemble, avec ma tante Adrienne. Elle avait une *job steady*, comme on commençait à dire à l'époque, à Bell Téléphone. C'était bien vu et presque novateur que d'avoir un emploi permanent.

C'était un peu marginal que d'être élevé par ce groupe de femmes, avec un père disparu dans la nature. Lorsque ça se produisait, on n'en parlait pas.

Montréal étant une ville d'une certaine importance, ça existait quand même. Dans le quartier du carré Saint-Louis, à cette époque-là, logeaient des couples brisés, des femmes séparées de leurs maris, les gens «s'accotaient» comme on disait dans le temps. Le divorce n'existait pas, donc il fallait un acte du Parlement canadien pour dissoudre un mariage, ce qui n'était pas facile à obtenir et coûtait cher. Ainsi, on trouvait là des familles reconstituées, des gens qui avaient en général un penchant pour les arts parce que tout ça faisait partie du... vice.

Aviez-vous conscience, étant enfant, de vivre une vie à part?

On le savait parce que notre mère nous le faisait comprendre. On avait conscience d'appartenir à une élite brimée. Une élite intellectuelle brimée. Après ma première communion, ma mère m'a dit: «Si tu crois à ça, je n'ai pas d'objection, mais seulement il faut que tu saches que moi, je ne crois pas à ça. Si tu veux continuer à aller à la messe, bien, mais moi je ne t'accompagnerai pas.» Nous fréquentions l'église Saint-Jacques qui était impressionnante à l'époque (on n'en a conservé que la façade qui se trouve à l'Université du Québec à Montréal, rue Saint-Denis). J'ai continué d'aller à la messe pendant quelques années. On a toujours, à l'adolescence surtout, des angoisses métaphysiques, des crises de religion. Je n'y ai pas échappé... Dans une ambiance jésuite, c'est dur de passer à côté. J'ai fait mon cours primaire chez les sœurs de la Providence, à l'Institut des sourds-muets (à l'angle des rues Saint-Denis et Cherrier). C'était une école «payante» où l'on faisait en cinq ans le programme que l'on mettait sept ans à compléter à la commission scolaire. Ce qui explique que je suis entré au collège plus jeune que beaucoup d'autres.

Parlez-moi un peu du carré Saint-Louis de votre enfance.

Dès qu'on descendait la rue Saint-Denis vers le sud, on arrivait dans le quartier des immigrants. Avec ce qui se passait en Allemagne dans les années trente, beaucoup de juifs étaient venus s'y installer. On y trouvait leurs écoles, leurs commerces, une synagogue. Ça nous donnait une autre vision du monde. On a appris à manger et à aimer le *smoked meat* bien avant que les Montréalais ne l'adoptent. Mais il n'y avait pas que les juifs. Nous étions entourés de milieux autres que les seuls Canadiens français. Au sud de la rue Sherbrooke, jusqu'à la rue La Gauchetière, et de la rue Saint-Laurent jusqu'au quartier des Anglais se trouvaient les bordels. Un quartier immense et très connu, qui tranchait avec l'univers des sœurs de la Providence.

Vous êtes entré au collège Sainte-Marie pour y suivre le cours classique. Y avait-il une raison particulière?

C'était pour avoir une bonne éducation. De plus, les jésuites donnaient des bourses. J'ai eu de très bons résultats et j'en ai obtenu une. Je n'aurais pas pu m'offrir ce cours autrement, même s'il ne coûtait que cinq dollars par mois. Il y a des gens qui ne gagnaient que ça par semaine. C'est à Sainte-Marie que j'ai connu Bruno Cormier qui allait devenir mon ami. On faisait le même trajet entre la maison et le collège, quatre fois par jour. Cormier venait d'un milieu ouvrier et avait des frères plus âgés que lui qui étaient nationalistes — on dirait progressistes aujourd'hui —, des gens conscients, qui participaient à des manifestations. Ce fut mon premier contact avec ce genre de questions. Ça ouvrait des horizons. Effectivement, quand on regarde la liste des auteurs qui étaient proscrits, elle représente, à toutes fins pratiques, tout le XIXe siècle. Le XVIIIe également. Les idées de ce siècle ont eu beaucoup d'importance chez les Anglais, puisqu'elles ont donné les États-Unis d'Amérique. Pour nous, c'étaient pas les idées de la «bonne» France, alors... J'ai eu un professeur qui enseignait l'histoire des belles-lettres. Après le chapitre consacré à la mort de Louis XVI, il a fermé son livre et a dit: «La France est morte.» Puis il a pris un autre ouvrage, l'a ouvert et s'est mis à nous parler de Paul Claudel! C'était, selon lui, la grande renaissance et l'occasion pour nous de racheter les péchés de nos cousins français! Ce genre d'éducation ne contribue pas beaucoup à faire des cerveaux logiques et à bien comprendre les choses.

Compte tenu de ce que vous me racontez là, la bibliothèque familiale devait être un objet de convoitise pour vos camarades?

Non. D'abord, j'ai eu très peu d'amis. À l'époque de Sainte-Marie, ça ne m'intéressait pas de participer à tous ces jeux qui commençaient par une prière, ces parties de hockey où l'on demandait au bon Jésus de nous faire gagner... non! En même temps, si personne ne parlait de ma situation, tout le monde la connaissait. Probablement que certains de mes camarades priaient pour ma conversion. On ne l'a jamais fait nommément, mais il y avait des prières pour les infidèles et les pécheurs qui volaient dans ma direction.

Comment viviez-vous cette situation? Avez-vous ressenti un rejet, un malaise?

Je pense que si ma mère avait été malheureuse de cette situation, c'eût été terrible. Parce que ce n'est pas drôle de se sentir si marginal dans des domaines concernant des questions aussi importantes que la vie éternelle, etc. Mais on s'inscrivait dans la lignée de son père. Elle avait étudié dans un lycée où sont passés plusieurs de ceux qui ont joué un rôle dans la gauche, appelons-la ainsi à défaut d'un meilleur terme pour l'époque. Ou alors des vrais libéraux, comme ceux qui ont participé à la rébellion de 1837. Pas ceux du temps de Laurier et d'après, qui, pour prendre le pouvoir, ont donné des garanties au clergé.

À vous entendre, ces individus progressistes devaient se sentir isolés?

Il y avait aussi de vrais éléments progressistes chez les Anglais. Lorsque le Canada s'est constitué avec les catholiques et les protestants, comme ça s'est fait, il y en a plusieurs qui se sont fait avoir aussi.

Certains devaient regretter que Montréal ne soit pas devenu une ville américaine.

C'est un fait que si les Canadiens français avaient embarqué du côté des Américains, ils auraient pu obtenir, à cause de la nature de leur Constitution, des droits bien plus grands que ceux que nous sommes encore en train de revendiquer.

J'ai lu quelque part que vos relations avec les jésuites se sont gâtées à cause de vos lectures. Il était question en particulier d'un exemplaire des Fleurs du mal *de Charles Baudelaire. C'est vrai ou est-ce un joli mythe qu'on véhicule?*

C'est vrai. Bruno Cormier et moi, on s'était procuré ces livres chez Eaton. C'était le seul endroit où l'on pouvait acheter des livres et contourner la censure. Au rayon des livres français, on trouvait des éditions françaises tout à fait anodines, dont les textes à l'Index avaient été retirés. On avait acheté les *Œuvres choisies* de Baudelaire, expurgées des poèmes condamnés. Celles de Rimbaud aussi. Le lendemain, on était convoqués tous les deux chez le préfet de discipline: on avait été dénoncés.

Par qui?

Je ne sais pas. Par un bon chrétien! Quelqu'un nous aura vus chez Eaton ou au restaurant en train de prendre un café en feuilletant les livres. Il existait tout un réseau de bonnes âmes pour s'occuper du salut des autres. Il a fallu rendre les ouvrages incriminés; on les a apportés lors d'une sorte de cérémonial à l'«enfer», une grande pièce fermée où s'accumulaient les livres condamnables. Ça fait de drôles de mentalités. On a été réprimandés, menacés d'expulsion… Comme ma mère avait des arriérés dans le paiement de mes frais de scolarité, à l'automne suivant, on ne m'a pas repris.

Avant la fin du cours classique?

Oui, je ne suis pas allé plus loin que la versification (quatrième année du cours). Je me suis trouvé un peu désemparé, sans «travail». Mais ma mère a été admirable. Ça devait la désoler, au fond, de me voir rater la seule chance de sortir de mon milieu. Pour les «bonnes jobs» (prêtre, médecin, avocat), fallait passer par le cours classique. Comme j'étais parmi les premiers de classe, c'était pire. Les jésuites me reprochaient d'autant plus de donner le mauvais exemple. Jamais ma mère ne me l'a reproché. Quelques années plus tard, pendant la guerre, mon frère Claude a lui aussi été «remercié de ses services». Ma mère, qui croyait en ses talents d'écrivain, lui a dit qu'il pouvait rester à la maison tant qu'il n'aurait pas publié un livre. Mon frère Claude n'a jamais pour ainsi dire travaillé: il était «pensionné» de la famille Saint-Mars. Ma mère en était très fière. Il y a des gens qui la traitaient de maudite folle. Vous vous rendez compte? Faire étudier ses enfants et les diriger vers des métiers qui vont les mener à la rue, c'est criminel! Puis est arrivée la conscription. Elle n'avait pas encore été votée, mais le principe en était accepté. Pour beaucoup de jeunes gens comme moi, il fallait se trouver un collège, sinon on devenait disponibles... J'avais commencé à dessiner des petites choses, des portraits de Tino Rossi (je crois que Bruno Cormier en avait encore quelques-uns), des reproductions de couvertures des livres de Francis Carco (c'était le romancier du monde des prostituées). On vivait dans une espèce de romantisme où les prostituées étaient de noble rang ainsi que les bohèmes et les révolutionnaires.

Quels étaient vos lieux de rencontres?

Les cafés, on les prenait chez nous. Pour aller au restaurant, on n'avait jamais d'argent, c'était ça le problème. On allait souvent angle Saint-Denis et carré Saint-Louis, dans un petit restaurant grec. Il y a encore là un restaurant aujourd'hui. Il était fréquenté par les enfants des artistes et des avocats de gauche qui étaient nombreux dans le quartier. On allait aussi chez Bens, mais surtout chez Schwartz. Ça, c'est quand on avait de l'argent. Mais surtout, on s'assoyait au carré Saint-Louis, puis on parlait. Moi, je n'ai jamais eu de patins ou de bicyclette. Je n'ai pratiqué aucun sport. C'était une question d'argent. Je n'étais pas le seul dans cette situation. Je me souviens très bien de la Crise, de tous ces gens qui passaient des journées entières assis sur le bord du trottoir, parce que personne ne voulait qu'ils s'assoient sur leurs perrons tout propres. Toute une population était descendue on ne sait trop d'où et se promenait sans but. Il n'y avait rien pour eux, le Secours direct n'existait pas. Juste la charité des bons chrétiens. C'était un peu traumatisant. Nous avions vécu dans une famille à l'aise qui avait tout perdu; on vivait dans un pays riche et puis, tout à coup, boum! c'est la pauvreté, le chômage, la misère. À ce moment-là, à Montréal, il y avait une vraie gauche, des immigrés dont certains étaient marxistes, des manifestations et des bagarres...

Bref, il s'est passé presque une année après mon renvoi de Sainte-Marie avant que j'entre à l'École des beaux-arts. J'avais été accepté haut la main, mais en cours préparatoire parce que j'étais trop habile. La thèse pédagogique de l'époque était que ceux qui ont beaucoup de talent, il ne faut pas trop les forcer. Le test d'admission consistait à dessiner le Discobole. Je n'avais jamais rien fait d'aussi gros ni d'aussi complexe, mais le dessin était si parfait qu'ils ont réuni les professeurs pour discuter de mon cas, et c'est la solution qu'ils ont retenue! L'École des beaux-arts, à cette époque-là, était composée pour un tiers de fils d'ouvriers qui voulaient se trouver un job pas trop sale, un tiers de religieuses et un tiers de frères des écoles chrétiennes et autres congrégations qui y venaient pour devenir professeurs de dessin et acquérir leur formation. Comme bénéfice marginal, ils pouvaient, en quatrième année, se rincer l'œil avec les modèles vivants. L'enseignement était tellement inexistant! En première année, tu faisais des blocs, des bulles, des sphères en bois blanc éclairés sous tous les angles, que tu tentais de reproduire... pendant toute l'année. Ensuite, on travaillait des éléments de nature morte. Puis, on faisait des plâtres, de manière antique, avec des bras cassés... c'était désolant!

Qui étaient les professeurs?

Pour la majorité, c'étaient des Français, souvent issus de l'école Boulle, quelques-uns étaient diplômés de l'École des beaux-arts. Quand ils nous parlaient de peinture, ils s'arrêtaient à Ingres et à Delacroix! On aurait pu croire qu'ils vivaient encore et qu'il ne s'était rien passé depuis ce temps-là! Comme l'Europe était en guerre, il y en a qui disaient que la peinture moderne était une folie qui s'était emparée de leur pauvre pays et qu'une fois la guerre terminée, les Picasso et autres, on pourrait les oublier. Donc, pas de temps à perdre avec eux! Mais le gars important, c'était Maillard, le directeur. Un homme protégé, de toute évidence, et un peintre dont on trouvait souvent les toiles dans les familles à fric de Montréal. Je m'étais un peu engueulé avec lui. Poliment, mais tout de même... Après l'été, à la rentrée, il m'intercepte dans le corridor et me dit: «Gauvreau, suivez-moi, j'ai quelque chose à vous montrer.» Je me demandais bien ce qui me valait ce retour d'affection. Dans son bureau, il me montre des tableaux accrochés au mur, qui ressemblaient à des Van Gogh, et me demande: «Ça vous fait penser à qui, ça?» Je réponds: «Je ne sais pas. C'est de vous? — Oui, c'est de moi, mais à qui ça vous fait penser?» Je dis: «Un impressionniste, peut-être?» Et il ajoute: «Ça ressemble à votre fameux Van Gogh. Mais regardez... c'est quand même mieux peint!» Effectivement, c'était mieux peint! Je me bidonnais mais de temps en temps, la moutarde me montait au nez.

Le peintre-soldat

Lorsqu'il parle de ses professeurs, de ceux qui incarnent l'autorité, Gauvreau arrive mal à dissimuler sa colère. En fait, il ne tente pas du tout de le faire. Ses yeux se plissent de malice pour se rire de leurs travers, de leur petitesse, ou encore sa voix devient plus grave, les pauses plus longues, pour marquer son désaccord et sa colère. Il aura souvent ces expressions au cours de nos entretiens. Les jésuites seront, bien sûr, l'objet de ces sautes d'humeur, mais aussi d'autres figures d'autorité: l'establishment culturel, les critiques et certains collègues vont provoquer au fil des conversations de petits accès de colère. Une colère maîtrisée mais sentie. Dans la gestuelle, quelques indices seulement: un poing rond et puissant se refermant pour appuyer un mot, le tronc qui s'incline lentement dans ma direction pour attirer l'attention sur le propos, un juron parfois, sec et efficacement planté au milieu d'une phrase.

Cependant, il y a une exception à l'irritation que provoque chez Gauvreau la notion d'autorité: l'armée. Pour des raisons qu'on comprendra plus loin, il parle presque avec affection de la vie militaire, si ce n'est de l'armée elle-même. Ce qui peut surprendre chez un jeune homme à l'esprit libertaire qui, au moment de son vingt et unième anniversaire de naissance, voit son destin détourné par la Seconde Guerre mondiale.

MICHEL DÉSAUTELS — *Vous allez bientôt quitter Montréal, vos amis, pour joindre les rangs de l'armée canadienne. Dans quelles circonstances?*

PIERRE GAUVREAU — À un moment donné est arrivée une saloperie. Sur le front européen, on commençait à manquer de soldats. L'opinion publique, les Américains et Churchill faisaient pression sur Mackenzie King, le premier ministre canadien, pour qu'il envoie son monde. Au départ, les grandes écoles étaient exemptées d'envoyer leurs élèves lorsqu'elles étaient rattachées à une université. Puis, une décision du Conseil législatif à Québec est tombée: l'École des arts graphiques, l'École du meuble et l'École des beaux-arts perdaient leur affiliation universitaire. Le choix était clair: soit on s'engageait tout de suite ou bien on attendait d'être mobilisés. Moi, j'ai signé au mois d'août 1943. J'aurais un cours de formation et un rang d'officier. Le salaire était aussi plus avantageux. C'est alors que j'ai vu reparaître mon père, Lucien. On a renoué un peu. Il était content que j'aie enfin l'occasion de montrer si j'étais un homme! Il n'y avait pas de communication possible entre nous deux. Il avait les idées de son époque. L'aîné, pour lui, avait son importance: c'était l'héritier. Mon frère ne l'intéressait pas: il était trop jeune pour partager ses amusements. Mes parents ne pouvaient pas se sentir. Ils ne vivaient pas sur la même planète. Ma mère aimait le théâtre. Lorsqu'une troupe venait, elle distribuait le programme, s'occupait des placeuses... Lui n'aimait pas du tout le théâtre. Par contre, il dessinait bien. Des chevaux surtout. C'étaient de beaux dessins, pas seulement des choses habiles. Mais, à peu près au moment où il est apparu, j'ai disparu dans l'armée. Je suis allé dans plusieurs camps: Farnham, Borden, Diebert en Nouvelle-Écosse, Vernon en Colombie-Britannique où l'on formait les parachutistes. J'étais dans l'infanterie. Je n'ai pas détesté cette expérience. Il faut dire que je n'ai jamais eu à affronter l'ennemi. Ça m'a plongé dans le monde. Je suis sorti du carré Saint-Louis, des chicanes avec Maillard, des problèmes d'argent. Je me suis retrouvé officier, avec une paie dont je donnais une partie à ma mère, puisque je l'avais déclarée comme dépendante. Puis je n'étais pas seul: la compagnie B à Borden comptait cent vingt hommes, tous des Canadiens français. L'armée étant ce qu'elle est, elle fait disparaître tout individualisme en faveur de la solidarité. Chacun finit par comprendre rapidement que sa survie éventuelle dépend du fait qu'il n'y a plus d'individus. À la suite d'événements que je n'ai pas très bien compris, j'ai été retiré de mon unité à la veille de la traversée à partir de la Nouvelle-Écosse et, avec une dizaine d'autres officiers, renvoyé à Montréal. De là, on nous a envoyés à Vernon en Colombie-Britannique, sans que nous sachions trop pourquoi. On ne devait rien dire, mais je crois qu'il était question de créer une quatrième division dans l'armée. Le premier ministre canadien demandait à l'armée de lui donner une chance, c'est-à-dire de faire une place aux Canadiens français, puisqu'on les avait enrôlés. Donc, de les rendre un peu plus visibles. On devait donc créer un régiment de parachutistes francophones. C'est là que j'ai appris à sauter sans avoir peur, comme un zombie. Dans l'armée, il n'y a pas de porte de sortie: ceux qui ne sont pas capables de sauter se blessent, meurent ou se suicident. D'ailleurs, lors des entraînements de ce type, les autorités militaires toléraient jusqu'à dix pour cent de pertes chez les hommes en manœuvres. C'est tout dire. J'ai fini par traverser en Angleterre; j'étais là lorsque la guerre s'est terminée sur le front européen. Alors, avec quelques camarades, je me suis porté volontaire pour le Pacifique.

Vous veniez, à la suite d'une série de hasards, d'échapper au combat et vous décidez malgré tout de vous réengager volontairement?

Je voulais voir le monde. Je me disais que, si j'étais chanceux, la guerre serait peut-être finie avant que je combatte. Rien ne m'attendait vraiment ici. Vu d'Angleterre, le Canada me semblait bien petit. J'avais fait des connaissances dans les milieux français de Londres, j'avais envie d'autre chose. Un de mes camarades avait échafaudé un plan pour déserter. Pas pour retourner au Canada, mais bien pour traverser la Manche et s'installer en France. J'y ai songé sérieusement. Ça ne s'est pas fait. Nous étions en attente de notre déplacement vers l'Asie, dans un camp. Comme nous devions partir bientôt, je suis allé faire mes adieux à une petite amie que j'avais dans la région. Les adieux ont duré un peu trop longtemps. Lorsque je suis revenu à ma base, mon détachement était parti. Je me suis retrouvé déserteur, et devant le général! Heureusement, la guerre était terminée, il n'allait pas faire fusiller un officier canadien-français. Mais j'ai eu droit à une semonce. C'était le châtiment le moins grave que je pouvais subir. Au garde-à-vous, devant tous les officiers qui rigolent, le général te traite de tous les noms. À la fin il dit: «Je vous déclare coupable et réprimandé.» C'est une grave humiliation pour un soldat de ce grade, surtout dans l'armée britannique. Il avait ajouté que je ne serais rapatrié qu'avec le dernier contingent canadien.

Pendant un an, j'ai donc encadré les soldats canadiens qui étaient rapatriés et qui avaient tous droit à deux semaines de congé en Angleterre avant de monter à bord de l'*Île-de-France* ou du *Queen Mary*. Comme ces unités ne nous arrivaient que tous les quinze jours ou trois semaines, j'avais du temps pour aller à Londres, tout juste à côté, au musée, etc. La ville était dans un état épouvantable. Les attaques des missiles V1 et V2 avaient rasé des quartiers entiers qui n'étaient plus que des amas de briques. Mais les Anglais s'étaient mis à la tâche et nettoyaient à une vitesse incroyable. Ça occupait des milliers d'hommes, et fort heureusement, parce qu'une fois qu'on t'enlève le harnais après toutes ces années de tension, c'est pas drôle. On ressent une euphorie qui peut vite mener à toutes sortes de débordements. Moi qui n'ai jamais connu le feu, j'ai célébré la fin de la guerre comme bien d'autres. Au lendemain de l'annonce de la fin du conflit, je me suis réveillé dans une caserne de pompiers, sans jamais avoir compris comment je m'étais retrouvé là. La fin de la guerre a provoqué bien des réactions bizarres chez les gens et beaucoup de dépressions. Avoir survécu à quelque chose hors de son contrôle, se retrouver sans but... ce sont des sentiments bien étranges. Pas étonnant que les soldats parlent si peu de ce qu'ils ont vécu. Sauf entre eux. Personne ne sort de cette expérience dans son état normal. Culturellement, tout ce que l'on a été est remis en cause. On peut difficilement communiquer ce qu'on a ressenti. C'est pour ça que le cinéma arrive si mal à rendre compte de la guerre, du fait que les hommes sont déracinés de leur vie et projetés dans un autre monde avec des gens qu'ils ne connaissent pas. Aujourd'hui, on se scandalise d'événements qui se produisent dans nos régiments: c'est de l'hypocrisie! Ton *job*, c'est de tuer, et on te dit: «Oui, mais pas de cette façon-là, faites attention, ne leur faites pas mal!» Voyons donc! Pour toutes ces raisons, ce n'était pas très emballant, en ce qui me concerne, de rentrer à Montréal, la petite bourgade.

Il est vrai que Montréal en 1945, c'était petit.

À l'est de la rue Iberville, il n'y avait presque rien. Au nord, à partir de la rue Jarry, on trouvait surtout des fermes et un tramway faisait la liaison entre les quartiers Villeray et Ahuntsic. Oui, c'était un village. Mais même si j'ai eu, au retour, des moments de déprime, je connaissais aussi, étrangement, des moments de joie féroce. Le sentiment exaltant de m'en être sorti vivant. Puis, je ressentais une certaine force par rapport à la société dans laquelle je rentrais. Officier d'une armée victorieuse, après ce que j'avais vu en Europe, les petits jésuites de Sainte-Marie ne me faisaient pas peur. Je n'étais pas le seul. Ce n'est pas un hasard si ce sont les gens de ma génération qui, lorsqu'ils ont atteint quarante ans, ont fait la Révolution tranquille. Ceux qui sont restés ici n'avaient pas la même ouverture d'esprit que ceux qui sont partis.

Il nous faut revenir en arrière, avant l'armée et avant même le court séjour à l'École des beaux-arts. En 1941, vous présentez quelques travaux dans le hall du théâtre du Gesù. Était-ce la première fois que vous exposiez en public? Parlez-moi de ces toiles.

C'étaient des huiles et des dessins. Pour la première fois, des gens, à part les amis et la famille, voyaient mes choses. Je n'allais déjà plus au collège Sainte-Marie à ce moment-là. À la rentrée, les jésuites organisaient toujours une exposition des travaux d'élèves, les «travaux de vacances» comme on disait. Bruno Cormier était, lui, encore au collège. Il a pensé que je devrais exposer mes toiles. Il a insisté auprès de quelques jésuites qui étaient intelligents, sensibles et quelque peu en révolte contre certains aspects de la vie religieuse. Finalement, on m'a admis. Ils avaient invité un juge pour évaluer les travaux: Paul-Émile Borduas, qui était professeur de dessin à l'École du meuble. J'ai eu un prix hors concours. Borduas m'a fait dire par un de ses élèves, Guy Viau, qui jouera un rôle important un peu plus tard, que si je voulais me joindre au groupe qui se réunissait à son atelier, les mardis soir je crois, j'étais le bienvenu. On trouvait là plusieurs jeunes, des moins jeunes aussi, de corps s'entend, mais à l'esprit ouvert. L'invitation s'étendait également à mes amis. Alors j'y suis allé. J'y ai amené Françoise Sullivan, Fernand Leduc...

En repensant à ces toiles qui avaient accroché l'œil de Borduas, comment peut-on les décrire?

On peut y déceler l'influence de Picasso, de Matisse... des peintres que je connaissais, mais dont je n'avais vu que quelques œuvres dans un grand reportage que le magazine américain *Life* avait consacré à la peinture moderne. J'ai appris plus tard que le peintre torontois Jack Bush avait eu le même choc que moi devant ces œuvres-là. C'était impressionnant! Ensuite, Maurice Gagnon, qui était le bibliothécaire de l'École du meuble, nous alimentait en publications d'avant-garde qui n'étaient pas disponibles ailleurs. Parce que jusque-là, et c'est à peine exagéré de le dire, j'avais appris la peinture dans les planches du dictionnaire *Larousse*. Les fauves venaient à peine d'être reconnus, les revues d'art étaient rares... Au point de vue de l'esthétique, de la sensibilité des gens, de ce que l'on perçoit comme étant beau, ça n'entrait pas facilement dans des catégories existantes. Borduas a lui-même raconté qu'au moment où il était allé étudier en France, il avait vu certains de ces tableaux et qu'ils lui répugnaient... jusqu'à un certain point. Ce n'est qu'une fois revenu ici qu'il a pu intégrer tout ça. Il n'était pas le seul! Même chez les gens de ma génération, il n'y avait pas grand monde qui pouvait prendre au sérieux ce genre de peinture.

Comment se passaient ces rencontres à l'atelier de Borduas?

Elles avaient lieu dans une maison qui existe toujours, au 953, rue Napoléon. Puis dans un autre atelier, rue Mentana près de Napoléon. Je n'ai pas de souvenir précis de la première fois que j'y suis allé. Ce que je sais, c'est qu'au début j'écoutais. Parmi les jeunes que l'on rencontrait là, certains étaient beaucoup plus instruits que je ne pouvais l'être. Ils venaient de milieux bourgeois, avaient une bonne culture générale, attardés quant à l'histoire de la peinture, mais pas ignares. Il y avait aussi quelques Français installés à Montréal, amis de Borduas. Des étudiants de Brébeuf, de Sainte-Marie, de l'École du meuble, des garçons et des filles, ce qui était rare. Pouvoir avoir des relations avec des filles qui ne soient pas encadrées par un protocole quelconque... Plusieurs d'entre elles voulaient faire de la peinture et croyaient qu'elles pouvaient être des peintres aussi importants que des hommes. Plusieurs de ces jeunes faisaient partie de ce que l'on pourrait appeler les catholiques de gauche. Chrétiens, pratiquants, mais dans un catholicisme ouvert, pas dogmatique. Je dis catholique de gauche, pour reprendre une expression qui existait en France mais méconnue ici. On dirait peut-être davantage des chrétiens progressistes. La question du progrès était très débattue et très contestée à ce moment-là. Il existait deux visions très divergentes. Notre culture nous offrait une perception de l'univers où les choses étaient plus ou moins statiques. On savait bien qu'un jour, le monde avait commencé, qu'un jour, il finirait, mais il n'était pas question qu'entre les deux il y ait des choses importantes qui changent. C'était une conception moyenâgeuse mais qui convenait assez bien aux Canadiens français. Incertains de leur propre culture, de leur existence, ils se voyaient rassurés par leur Église qui leur décrivait un monde immuable où l'on naissait, mourait, où il y avait un grand *boss* qui, si l'on avait bien vécu, nous réservait une petite place à ses côtés. À la fin de tout, il sonnait le rappel de tout le monde. Lorsqu'on posait des questions sur l'univers, c'était le système d'interprétation qui nous était proposé. Seuls quelques esprits un peu libres véhiculaient des idées différentes, qui venaient jeter un nouvel éclairage.

À cette époque, lorsqu'une idée nouvelle émergeait, on ne se précipitait pas dessus pour voir ce qu'elle pouvait ajouter à notre perception de la vie. On se fermait. Je dis bien de façon générale! Car il y a tout de même dans notre société des gènes d'indépendance qui nous viennent de tous ceux qui sont venus ici pour fuir des systèmes qui ne leur convenaient pas. Dans ces rencontres à l'atelier de Borduas, on ne parlait pas que de peinture. Car on ne peut discuter de peinture sans évoquer Freud. Les surréalistes avaient mené des expériences en peinture qui s'appuyaient sur la psychanalyse qui, au Québec, n'existait pas ou si peu. On tentait des expériences, on observait; après tout, avec la psychanalyse, on n'est pas loin de l'âme! Comme pour tout ce qui touchait à l'existence de Dieu, on était retardé. C'est dire qu'il y avait une certaine odeur de soufre autour de nos rencontres. Il faut se souvenir que, dans ce temps-là, le démon n'était jamais bien loin. Prenez les Anglais! Ce n'était pas la question linguistique qui posait problème. C'était le fait qu'ils étaient protestants, donc près du diable. Et les immigrants! On ne les accueillait pas à bras ouverts. Il y avait, bien sûr, les Polonais qui étaient catholiques, mais enfin... Quant aux philosophes athées, disons qu'on ne les recherchait pas particulièrement.

Est-ce qu'on savait à l'École du meuble que Borduas recevait chez lui ces jeunes gens et de quoi ils discutaient?

Non. Disons que c'est le genre d'information qui n'intéressait pas grand monde. Dans les journaux de l'époque, il n'y avait pas de rubrique artistique. Ou alors, un journaliste qui faisait les chiens écrasés mais dont la sœur suivait des cours de dessin quelque part pondait un article... et c'était la chronique des arts visuels! Il y avait très peu d'expositions. Il faut dire que l'on avait surtout une conception religieuse de l'art. La *bonne* peinture, celle qu'on pouvait admirer sans trop se forcer, se trouvait dans les églises. L'idée que la peinture pouvait servir à traduire notre réalité quotidienne, ça n'existait ni dans la société ni dans l'enseignement. Elle nous est surtout venue d'artistes issus de milieux aisés, surtout canadiens-anglais, qui se sont retrouvés dans le noyau de la société d'art contemporain. C'était, en fait, la Contemporary Art Society. Borduas, avec son enseignement, nous sortait donc de ces concepts conservateurs. Il s'était lié avec John Lyman, un peintre avec une fortune personnelle qui avait habité en Europe dans tous les endroits où des peintres importants avaient vécu. Il était pour nous l'objet d'une véritable vénération, parce qu'il avait foulé les buttes où ces artistes, Matisse et les autres, avaient travaillé. Il y avait chez nous une grande ferveur. On avait de grands besoins d'exaltation que la société ne nous donnait pas. On nous disait plutôt: «Calmez-vous, les petits garçons. Ne lisez pas ceci, ça n'est pas important. Ces œuvres-là n'ont pas de valeur...» Ce décalage n'existe plus aujourd'hui, entre autres grâce à la télévision qui nous transmet des nouvelles artistiques de partout. On arrive toujours à trouver sur telle ou telle chaîne, à un moment donné, des informations.

Borduas était vraiment à la jonction de ces deux mondes. Formé à l'art sacré, il avait vécu en Europe.

Il avait quitté Montréal comme assistant d'Ozias Leduc, faisant une peinture traditionnelle avec beaucoup de talent et de sensibilité. Il était allé se perfectionner à l'atelier d'art sacré de Maurice Denis. L'art moderne lui était entré par un œil ou par un autre. Ça l'a tarabusté un moment, jusqu'à ce qu'il se dise que c'était là que ça se passait. C'est miraculeux, dans un sens. Comme la conversion de saint Paul! Il n'a jamais renié ce qu'il avait fait avant. Pour lui, tout est valable. Mais il ne faut pas garder et entretenir les choses qui ont donné leur jus sous prétexte qu'elles ont été importantes. On a vécu la même expérience dans le domaine des sciences. Toutes ces années ont été capitales et pleines de bouleversements. Pasteur avait bousculé tout le monde, la découverte de l'atome et du monde de l'infiniment petit nous obligeait à admettre que des éléments que l'on ne voit pas pouvaient exister. On était entré dans un monde moderne où la vérité et la réalité n'étaient pas toutes déterminées d'avance, et on aurait voulu que ce soit différent pour les arts? Non! Nous étions dans un monde en marche, une marche à laquelle on participait. Et si elle avait parfois marqué le pas, il fallait admettre que, depuis le XIXe siècle, ça avait drôlement progressé: l'Amérique, le tour du monde, le pôle Nord, c'étaient beaucoup de notions qui s'ajoutaient aux connaissances de saint Thomas. Or nous tirions tout notre savoir philosophique d'un monde qui ne savait même pas que la terre était ronde! On avait le droit d'entretenir des doutes légitimes. Comment pouvaient-ils ignorer que la terre était ronde et savoir tout ce que Dieu voulait! Ça se reflétait dans leur enseignement, peu ou pas scientifique. On recrutait et on formait les meilleurs éléments pour aller convertir le monde. Au moment où des hommes pilotaient des avions et bombardaient des villes au bout du monde, on nous proposait une image de Dieu, bon père de famille supervisant tout ça. Il y avait là des contradictions... Nous vivions donc dans un malaise. Mais jamais nous ne pouvions mettre nos doutes sur la table.

L'autorité se substituait à la réflexion comme mode d'apprentissage?

Oui, et je me souviens d'un petit épisode qui illustre bien à quel point cette autorité avait fini par faire l'affaire de ceux qui la subissaient. Dans un cours à l'École des beaux-arts, nous travaillions au fusain. À un moment donné, Maillard, le directeur, passe derrière un élève, Adrien Villandré, regarde son travail pendant quelques secondes, puis pose son pouce énorme sur le papier et... fsss, fsss, efface une partie du dessin! C'est une chose qui serait impensable aujourd'hui. Villandré se fâche et empoigne Maillard par le collet. Des cris montent dans la classe. On aurait pu croire que les élèves se joignaient à Villandré pour chahuter le directeur et le mettre à la porte. Pas du tout! Ils se sont tous jetés sur Villandré et l'ont foutu dehors.

Vous avez participé à l'exposition Les Sagittaires *au début de mai 1943 à la galerie Dominion. Qu'aviez-vous présenté?*

Des huiles sur carton. Des natures mortes d'inspiration fauviste. C'était une exposition assez hétéroclite. Vingt-trois peintres, très différents les uns des autres. Tous gravitaient autour de Borduas, mais il y avait des sous-groupes de toutes sortes. Certains dans le sillage de François Hertel, d'autres plus proches de Roger Rolland et de Pierre Elliott Trudeau qui était la vedette du groupe de Brébeuf. Il avait sur eux une influence considérable et certaines décisions ne se seraient pas prises sans que l'on consulte PET, comme on l'appelait déjà à l'époque. C'était donc un regroupement de nature nucléaire, avec plein de subdivisions.

Ces toiles seront donc vos dernières œuvres figuratives, puisqu'à partir de 1944 vous basculez dans l'abstraction?

Oui, avec une toile intitulée *Pulsion allègre, grave, jaune, assoiffée* qui fait partie d'un groupe de cinq tableaux non-figuratifs qui marquent une rupture. Il y avait aussi *Aspiration lucide accrochée dans des cerceaux*, *Colloque exubérant*, *Fonction* et *Baie d'esprit*, comme le village de ma série télévisée *Cormoran*.

Vous souvenez-vous de votre état d'esprit au moment de la création de ces œuvres-là? Vous quittiez le monde du familier pour entrer dans un monde nouveau, et cette exploration devait provoquer une sorte de vertige.

Je les ai peintes en permission de passage à Montréal. À peine descendu du train, je me jetais sur mes pinceaux et je travaillais à passer le cap de la non-figuration. Je m'y étais essayé avant, mais c'était difficile. Aujourd'hui, n'importe qui peut réussir l'exercice, parce qu'il y a des exemples. Mais pas à ce moment-là. Faire du non-figuratif et dépasser le barbouillage... ça donnait le vertige. Mais une fois l'expérience réussie, je ne referai jamais plus d'œuvres figuratives. En fait, jusqu'à ma démobilisation en 1946, je peindrai moins. Sauf de tout petits tableaux réalisés pendant mes tours de garde, la nuit, qui seront peints sur des fiches en carton, comme celles qui sont utilisées à l'école.

Vous avez évoqué plus tôt les surréalistes. C'est leur peinture ou leur littérature qui vous a le plus fortement influencé?

Il y avait bien sûr Dalí et Miró, des gars solides et qui avaient peint assez pour que l'on dise que cette peinture existait. Mais ils étaient très proches des poètes et des écrivains du groupe qui articulaient surtout la pensée.

Fernand Leduc a, un temps, servi de lien entre votre groupe et les surréalistes français, avec André Breton en particulier. Vous vous sentiez des affinités tangibles avec eux?

Oui, on se situait dans cette lignée-là. En réalité, quand on regarde les choses maintenant, on voit bien que nous en étions le prolongement. Mais à l'époque, on ne pouvait pas le savoir, et surtout pas le dire! Les Français ne sont pas portés à reconnaître des choses comme celles-là. Honnêtement, on ne pouvait pas le savoir. On était tellement pauvre à tout point de vue. On ne pouvait avoir ni arrogance ni prétention. On n'avait aucune facilité pour parler peinture.

En lisant la correspondance entre Leduc et Breton, on constate qu'assez tôt Fernand Leduc prend ses distances, surtout lorsque Breton se dit heureux de constater qu'il y a, au Canada, des artistes qui marchent dans leurs pas... presque une section montréalaise de l'école surréaliste.

Breton avait un surnom... on l'appelait le «pape» du surréalisme. Il était l'influence dominante du mouvement. Un type extrêmement brillant. Bon nombre des artistes du groupe étaient indépendants de fortune et menaient des carrières à plein temps, alors que la plupart d'entre nous avons dû nous créer tout en travaillant. L'idée même que l'on puisse gagner sa vie avec son œuvre nous dépassait. Nous étions un peu naïfs. Quand on lit les biographies des grands artistes, on se doit de constater que, exceptionnellement, il en sort un de milieu modeste, mais que, de façon générale, ce n'est pas le cas. Pour revenir aux surréalistes, ce qui nous intéressait chez eux, c'était qu'ils décrochaient d'une perception de la réalité pour entrer dans une autre. Qu'on avait le droit de le faire, et qu'en déconstruisant la réalité pour la représenter d'une autre façon, le risque ne fait plus peur. Que le désir de créer rend négligeable l'opinion des autres. Créer malgré l'opinion des autres. Il est bien certain que lorsqu'on montre quelque chose que les gens ne comprennent pas et que l'on recommence sans cesse, on provoque de l'agressivité. C'est un sentiment que nous avons tous connu. Mais nous avions une grande force intérieure. Nous étions un peu comme des apôtres.

On ne doutait pas de la justification de l'art moderne. Pour nous, tout ce mouvement avait une légitimité. Ceux qui s'y opposaient avaient une attitude archaïque.

Sans vouloir relancer un débat étymologique sans fin ou un procès de paternité, est-ce bien votre frère Claude qui avait utilisé le terme «automatiste» bien avant que le journaliste Tancrède Marcil l'utilise en 1947?

Claude avait utilisé le mot «automatisme» pour décrire la technique de travail des surréalistes, mais Marcil a fait un pas de plus en nous accolant le nom. On a surtout laissé tomber la deuxième partie de l'expression: on devrait plutôt dire «automatisme surrationnel» qui conserve davantage l'idée de liberté. Privé de son adjectif, le mot devient réducteur et inadéquat. Mais c'était rassurant pour les gens d'avoir à la portée de la main un mot pour décrire ce qu'ils ne comprenaient pas. Quant à nous, c'était surtout une étiquette sous laquelle nous allions finalement nous regrouper pour revendiquer le droit de vivre autrement qu'au Moyen Âge et au XIXe siècle. Comme nous avions pris connaissance de ce qui se faisait ailleurs, jamais mon frère et moi n'allions nous refuser le droit de participer à cette aventure. Jamais nous ne l'avons perçu comme un enjeu ou une entreprise canadienne. On n'était pas des nationalistes. Des nationalistes, il y en avait en Europe. Il y avait Adolf, Benito... Vous voyez, le nationalisme était loin d'être à la mode! Dans un autre ordre d'idée, la peinture n'est pas un art qui favorise les regroupements, l'émergence de théoriciens. C'est un art solitaire.

Nous avons déjà évoqué les rapports avec les Français des milieux de l'art moderne. Malgré la proximité, il y avait assez peu de contacts avec les Américains, même avec ceux de New York.

Assez peu. Notre amie Louise Renaud en avait établi certains en se faisant embaucher comme bonne d'enfants chez Pierre Matisse. Elle espionnait un peu. Mais étonnamment, même avec les surréalistes qui étaient allés à New York travailler pour *La Voix de l'Amérique*, on a eu assez peu de contacts. Breton est venu au Québec à un moment donné, jusqu'à Gaspé, mais on n'a pas eu de ses nouvelles. Je n'ai jamais su pourquoi. Peut-être que ça ne lui tentait tout simplement pas. Ou alors il ne voyait pas très bien ce que des Canadiens français de l'époque pouvaient avoir en commun avec un surréaliste. Peut-être n'avait-il pas aimé le style de Fernand Leduc, qui a toujours eu un côté «fesses serrées», un p'tit côté curé qui aurait pu déplaire à Breton. Un pape et un curé!

Parlez-moi d'une exposition intitulée 20 artistes canadiens, *qui avait été présentée à la Galerie des beaux-arts Eaton de Toronto. Vous en étiez, avec une majorité de vos camarades. Elle a eu lieu en 1945 et reconnaissait l'émergence d'une tendance particulière chez certains artistes montréalais. C'est un peu étonnant, non?*

Vous véhiculez là un préjugé courant et fort répandu. À Toronto, le milieu des artistes n'était pas moins avancé que le nôtre. Le peu d'avance qu'on avait sur eux, on l'a perdue très rapidement. L'exposition est le résultat de l'action de la Contemporary Art Society. Je ne me souviens plus qui avait fait la sélection des artistes et des œuvres, mais je me souviens que pour nous, c'était extrêmement important et stimulant que d'y participer. D'autant plus qu'ici on riait de nous. Puisque j'étais en service militaire en Angleterre, mon frère Claude s'est occupé de ma participation. Il y avait à Toronto des artistes structurés différemment mais qui faisaient un travail équivalent. Cependant, ils ne venaient pas des mêmes milieux et étaient pour la plupart aisés. Les questions religieuses ne se posaient pas du tout de la même façon. Ils vivaient dans une société beaucoup moins homogène que la nôtre. Ils avaient hérité d'une riche tradition: le Groupe des sept. Il n'y avait pas que des peintres du groupe automatiste à cette exposition. Ah! cette désignation m'énerve! Bien sûr, nous nous inscrivions dans un mouvement. Mais ce n'était ni une religion ni une doctrine, et nos attitudes culturelles étaient telles — elles le sont encore dans une large mesure —, qu'il fallait absolument qu'on nous étiquette. On doit trouver une parenté, des cousins, imaginer une structure pyramidale, comme une Église. Y a jamais un crisse de critique ou de journaliste qui a vu Borduas autrement que comme ça.

Est-ce que Borduas a souffert d'être perçu comme un pape (on ne disait pas encore gourou) entouré de ses cardinaux, puis des autres officiants, et finalement du reste de la piétaille?

Je crois bien qu'il en a souffert. Ça se sent dans une partie de sa correspondance qui vient de paraître. Je crois que beaucoup de gens nous percevaient de cette manière, en reproduisant leurs schèmes et leurs structures sur nous. Mais si on en revient à notre façon de penser, à nos objectifs qui étaient de puiser dans notre imagination la matière de nos tableaux, on aurait dû se retrouver à la longue avec des tableaux qui se différencient de plus en plus. Ce qui est le contraire des actions d'une secte. C'est d'ailleurs sur des questions comme celles-là que j'ai eu des frictions avec mon frère. Il me semblait que si tu allais au bout de tes capacités, tu ne pouvais pas te retrouver au point de départ; ce qui démontrerait la validité de notre démarche, c'est qu'on se retrouve tous avec des peintures très différentes au bout de cinquante ans.

Claude avait donc une vision beaucoup plus dogmatique et orthodoxe de votre mouvement?

Oui. Vous savez, il avait tout son temps. Il avait donc le loisir de pousser la réflexion sur chaque chose assez loin. Au-delà de la création, c'était devenu pour lui un mode d'organisation de la pensée. Il adorait ça. Et puis, on faisait des économies! On avait en même temps un théoricien, un écrivain et un haut-parleur!

Parlez-moi de l'exposition dans votre appartement de la rue Sherbrooke en 1947. Comment a-t-elle été organisée?

On avait une liste de gens qu'on a invités. C'était une liste qui appartenait à ma mère. Comme elle dirigeait des lundis littéraires et qu'elle s'occupait de la billetterie de spectacles de théâtre, elle avait probablement le répertoire le plus complet qui soit de gens qui, à Montréal, étaient susceptibles de s'intéresser à ce genre d'événements. On fonctionnait comme ça se fait encore aujourd'hui: à la porte, les visiteurs signaient un cahier, et lorsqu'on voyait un nom qui ne nous était pas familier, hop! on l'inscrivait sur la liste. J'ai conservé le cahier des visiteurs de cette exposition. C'est amusant d'y jeter un coup d'œil. On y voit les noms d'amis, de connaissances et puis de certaines familles cultivées de l'époque, dont Lyette Carreau, une cousine de Janine.

Est-ce à cause de divergences d'opinions avec votre frère ou le reste du groupe que vous ne participez pas à l'exposition Les Rebelles *qui est présentée dans une salle improvisée en 1950?*

À partir du moment où tu existes en dehors de toi parce que tu fais partie d'un groupe, et que ce groupe-là existe au sein d'autres groupes, dans une société, tu t'appartiens de moins en moins. Il y a de plus en plus de gens qui portent des jugements sur ce que tu fais, qui ont des exigences, des aspirations. Tout ça exerce une pression très forte, qui est traumatisante. Je n'étais pas d'accord avec cette exposition et je trouvais futile la façon dont elle était née. La thématique était dépassée. Ils se regroupaient sous le prétexte qu'ils avaient été refusés au Salon du printemps. Furieux que le système les refuse après avoir tenté d'y entrer. Et avoir l'incohérence d'appeler ça *Les Rebelles*. Ils n'avaient qu'à ne pas présenter de tableaux, ce que j'avais fait. S'ils voulaient combattre l'establishment, il ne fallait pas y entrer. Pas de cette façon. Car les grands organismes comme ceux-là ont le tour de tout récupérer en prétendant représenter tout le monde. En créant un Salon des refusés. La première fois que ça s'est fait, c'était correct, mais après, cela devient un système. Le désaccord sur ce sujet avec mon frère et quelques autres, c'est rien. Dans un meeting, on ne s'entend pas, on s'engueule, mais ça ne veut pas dire qu'on remet tout en question. On sort prendre l'air! C'est ce que j'ai fait.

Le signataire du *Refus global*

Le 9 août 1948, deux semaines avant le vingt-sixième anniversaire de naissance de Pierre Gauvreau, des exemplaires du *Refus global* font leur apparition sur les tablettes de la librairie Tranquille, à Montréal. En quelques semaines, les quatre cents exemplaires imprimés et assemblés dans la maison de la famille Gauvreau, rue Sherbrooke, seront écoulés. En plus du manifeste, on y trouvait des textes poétiques et dramatiques, des photos illustrant le travail des danseuses du groupe et celui de Claude Gauvreau dans sa dramaturgie. L'ouvrage comprend aussi des textes analytiques sur l'expression artistique, des reproductions de tableaux, quelques notes de Paul-Émile Borduas sur la peinture et certains tableaux, comme s'il s'adressait à un lecteur qui s'apprêtait à circuler au milieu d'une exposition.

D'autres exemplaires du *Refus global* ont déjà circulé parmi les proches du groupe et chez d'éventuels adhérents.

MICHEL DÉSAUTELS — *Parlons maintenant du* Refus global. *Au départ, ce devait être le catalogue d'une exposition?*

PIERRE GAUVREAU — En fait, une exposition devait accompagner la publication du manifeste. Elle n'a pas eu lieu.

Je ne me souviens plus trop pourquoi. Le temps avait passé, le groupe s'était un peu dispersé. Fernand Leduc était en Europe, Jean-Paul Riopelle aussi.

C'est un ouvrage qui contient plein de matériel différent: textes théoriques, reproductions de tableaux, poèmes, théâtre... Comment a-t-il été composé? Spontanément, ou est-ce qu'on a dû réunir un conclave pour prendre les décisions?

Non, une bonne partie des cardinaux étaient à l'étranger! Non, sérieusement, ça s'est fait à la bonne franquette. L'important, c'était le manifeste; il était majeur. On s'est dit qu'on en profiterait pour faire passer d'autres choses aussi. Claude a pu publier des pièces en un acte; nous avons diffusé quelques photos de tableaux parce que la plupart des gens ne pouvaient pas savoir de quoi on parlait. Somme toute, peu de personnes avaient vu ce que nous faisions.

Est-ce que le texte du manifeste était de Borduas exclusivement?

Un historien de l'art s'est fait une gloire et a bâti une partie de sa carrière en affirmant que Borduas ne l'avait pas écrit seul et que c'est Claude qui en serait en grande partie l'auteur. C'est absolument faux... de la pure fantaisie! Les gens perdent la notion du temps. Au moment où tout ça se passe, Claude est encore un tout jeune homme, il a vingt-deux ou vingt-trois ans! Quand on oublie ça, on peut faire des rapprochements... mais celui-là ne tient pas.

Pressentiez-vous que ce manifeste aurait un tel retentissement?

Sur le coup, Borduas a été très perturbé par le fait que certains de ses amis qui s'intéressaient à la culture n'ont pas voulu le signer. On pensait vraiment qu'on aurait beaucoup plus de signatures. Il l'avait fait lire à beaucoup de gens qu'il avait peut-être surévalués. J'ai toujours pensé que plusieurs ont dit non tout en étant très tourmentés. Ils ont porté ça pendant très longtemps! C'est dire comment était notre société. C'étaient des gens honnêtes mais à qui papa disait: «Aïe, les p'tits gars, vous allez trop loin!» Il y avait un blocage. Dès que la question de Dieu ou de la foi entrait en ligne de compte, les oiseaux s'envolaient. C'est encore comme ça aujourd'hui dans une large mesure. Si, au cours d'une conversation, on en arrive à dire que l'on est athée, les regards deviennent fuyants, on sent un vide qui se fait à l'intérieur... puis il y a un changement de conversation. On voit ces comportements chez des gens des milieux de la culture... même pas des gens de droite... des gens qui ne pratiquent même pas. Mais il y a des réflexes qui sont gravés. On ne les a pas encore évacués.

Le Refus global *est un cas d'espèce intéressant. Un de ces ouvrages dont on parle abondamment, que l'on évoque sans arrêt... bien souvent sans les avoir lus.*

Ce n'est pas parce qu'il n'a pas été édité. À l'époque, il n'y en avait que quatre cents exemplaires, mais il a été réédité souvent, analysé...

On le perçoit souvent bien davantage comme un manifeste social plutôt qu'artistique. Est-ce que c'était votre perception à l'époque?

C'était ça, mais la création artistique était l'un des chemins de la libération. On pouvait savoir aussi, par l'histoire récente de la peinture, que l'art pouvait se libérer de la corvée religieuse. Les impressionnistes nous avaient montré que l'on pouvait reproduire la réalité, la fouiller, travailler la lumière. C'était une démarche qui allait de pair avec la recherche scientifique. D'ailleurs, il est intéressant de constater qu'on était aussi ignare en science qu'en peinture, et pour des raisons semblables. Quand on se compare avec les États-Unis, on voit qu'ils ont bénéficié de l'arrivée des juifs, notamment, qui étaient très instruits et qui n'avaient pas ce genre de «bibites» là. Pour revenir au *Refus global*, les quatre cents premiers exemplaires se sont écoulés assez rapidement. Il n'est d'ailleurs pas impossible que certains se soient retrouvés dans les mains de jésuites à des fins d'étude et de discussion. On aurait tort de croire que c'était un milieu complètement monolithique. Certains religieux, comme François Hertel, n'étaient pas très orthodoxes. Mais ils ne pouvaient évidemment pas contester l'existence de Dieu.

Comment peut-on évaluer la portée de ce manifeste?

Je ne sais pas. Ce que je sais, c'est que nous sommes en train d'en parler tous les deux, aujourd'hui, presque cinquante ans plus tard. Et compte tenu de tous les torts de ce texte — selon les gens de l'époque —, il aurait dû être oublié. C'est un document qui a été occulté pendant vingt ans, mais il est ressorti. La génération de ceux qui se sont émancipés pour se tourner vers le marxisme ne voulait pas en parler non plus. Maintenant, il y a des jeunes de vingt ans qui s'y réfèrent. C'est donc que ça correspond à la réalité. Malgré les efforts de l'establishment culturel, du clergé, des professeurs, de la presse, les idées sont restées, elles ont fait leur chemin.

Elles étaient admirablement exprimées. Il suffit de lire les textes du moment, les échanges de points de vue dans la presse, notamment sous la plume de Claude Gauvreau, pour le constater.

C'est évident, et c'était normal. Nous étions les héritiers d'une langue qui n'avait pas encore été abîmée, que nous n'avions pas encore abîmée. Nous ne l'avions pas encore transformée en nous l'appropriant. Ce qui viendra plus tard, lorsque les gens affirmeront que ce que l'on dit mal est aussi important que ce que d'autres disent bien dans la mesure où cela nous permet de nous exprimer. C'est une étape importante de l'évolution des Québécois, de leur émancipation, mais elle a aussi des effets désastreux. Du coup, on ne croit plus en Dieu, on croit savoir pourquoi, mais sans savoir en quoi on croit. Ça a été une période de grands bouleversements. On l'oublie trop souvent aujourd'hui, mais, du point de vue de l'histoire, de la religion, nous étions au Moyen Âge. Quant à l'automobile, nous étions «de l'année»! C'était une situation très spéciale. Pensons-y un peu! On ne savait pas à quel point on se trouvait à Rome. On allait à la messe à l'église Saint-Jacques et, entre le curé et le Vatican, il n'y avait que l'évêque de Montréal. La relation était directe. On était beaucoup plus loin de Paris que de Rome. On sait que le Vatican ne pouvait pas appuyer le nationalisme québécois en allant à l'encontre d'un pays membre de l'Empire britannique. D'ailleurs, bon nombre de nos chefs religieux étaient pro-britanniques ou avaient fait leurs études en Ontario, dans l'Outaouais, etc. Toute la *gang*, à commencer par Villeneuve, c'est pas des Québécois «pure laine». Charbonneau, qui lui était un type éclairé, venait de l'Ouest. Donc le modèle était assez simple: à la base, des gens du coin, et en haut de la pyramide hiérarchique, des gens qui n'avaient pas de véritable culture canadienne-française.

Après la guerre, étiez-vous retourné à l'École des beaux-arts?

Oui. Je pouvais profiter d'une politique de démobilisation qui me donnait droit à un mois d'enseignement pour chaque mois de service. J'étais retourné voir M. Maillard qui m'avait bien accueilli, d'autant plus qu'il ne pouvait pas refuser un officier. Il m'avait inscrit comme étudiant libre. Alfred Pellan était devenu professeur, mais je n'ai pas voulu suivre ses cours parce qu'il tentait beaucoup trop d'influencer ses élèves. Je suis donc allé dans l'autre classe, que dirigeait Stanley Cosgrove, le paysagiste. Il faisait déjà les tableaux qui l'ont rendu célèbre.

Vous étiez donc dans une situation un peu bizarre. Vous suiviez des cours conventionnels alors que votre peinture avait déjà basculé dans l'abstraction.

Oui. C'était comme aller travailler. Comme faire de la cuisine ordinaire alors que l'on pense à de nouveaux plats. Je continuais cependant à faire mes choses: encre de couleur, gouache, des petits formats. J'étais retourné vivre chez ma mère dans la même chambre que mon frère. C'était une petite pièce de quatre mètres sur quatre avec deux lits à une place faits de tuyaux en fer. Tout notre monde se trouvait là-dedans. Il aimait avoir la paix lorsqu'il écrivait; c'était «Défense d'entrer». En réalité, quand j'y repense, je devais le déranger sérieusement. Pendant mes trois années à l'armée, c'était devenu «sa» chambre, et voilà que je revenais. En même temps, cette situation qui peut sembler aujourd'hui difficile n'était en rien exceptionnelle pour l'époque. Je n'en souffrais pas beaucoup, et l'entraînement militaire m'avait bien préparé à la vie commune. Mais l'essentiel était ailleurs, à un autre niveau. Dans une vie intellectuelle faite de lectures et de rencontres, que la guerre n'avait pas interrompue puisque je partageais la vie de camarades officiers qui venaient de toutes sortes d'écoles et de milieux. Je ne connaissais pas encore Jean-Paul Riopelle et Marcel Barbeau. Je connaissais Fernand Leduc, Maurice Perron et Françoise Sullivan que j'ai fréquentés pendant longtemps, et aussi Bruno Cormier et Louise Renaud. J'ai ensuite côtoyé Jean-Paul Mousseau et, plus tard, Marcelle Ferron, mais brièvement, puisqu'elle avait déjà le projet d'aller en Europe.

Que pensiez-vous de Riopelle, Barbeau et Mousseau au moment où vous les avez connus?

Riopelle et Barbeau commençaient à faire de l'automatisme à ce moment-là. Mousseau était plus jeune qu'eux. Nous nous sommes beaucoup vus dans la maison de Saint-Hilaire que ma mère avait achetée avant la fin de la guerre avec le petit héritage que lui avait laissé mon père. Elle était située à un mille, un mille et demi de celle de Borduas. Elle était souvent pleine de jeunes gens pour qui c'était devenu le point de chute. Pour moi, toute cette effervescence était la source d'une grande joie. Je constatais que le troupeau s'agrandissait. Les styles se démarquaient déjà les uns des autres, ce qui confirmait que l'automatisme est un outil, pas une fin. Mais pour la plupart des gens, ce n'était pas le cas. Ils rejetaient tout en bloc, incapables de nuancer.

On a du mal aujourd'hui à imaginer la réaction quasi épidermique des gens devant ces tableaux.

Avec la culture qu'ils avaient, il leur restait encore bien des pas à franchir avant d'arriver à les accepter. La figuration, c'était l'absolu. Elle suppléait au manque de caméra. En mieux, car elle permettait de montrer les anges, ce que les meilleures caméras n'arrivaient pas à faire.

Borduas a un jour fait une sorte de galerie de portraits de tous ces jeunes peintres qui gravitaient autour de lui et, à votre sujet, a dit: «Pierre, le peintre-né.» Êtes-vous d'accord avec cette évaluation?

Je n'ai pas su à l'époque qu'il avait dit cela à mon sujet. Je ne l'ai appris qu'il y a très peu d'années.

Il ajoutait que vous faisiez la peinture révolutionnaire la plus sereine qui soit.

Je savais en tout cas que je voulais faire de la peinture. Si j'ai travaillé par la suite, c'est pour me permettre de peindre.

Les débuts de la télévision

Pierre Gauvreau aborde ici un chapitre important. Si certains de ses amis font le choix de consacrer tout leur temps à leur art, Gauvreau va commencer à se partager en deux.

Sa courte carrière militaire et ses études inachevées ne lui permettent pas de gagner sa vie dans l'enseignement. Il n'a aucune formation professionnelle et les ressources familiales sont limitées. Après avoir passé deux ans dans une usine de décalcomanie, il va rapidement entrer dans le monde des communications qui s'apprête à vivre une spectaculaire révolution: l'arrivée de la télévision.

MICHEL DÉSAUTELS — *Vous abordez la question des autres activités professionnelles. Comment êtes-vous venu à la radio?*

PIERRE GAUVREAU — J'ai d'abord travaillé trois ans à CHLP comme annonceur avec Huguette Proulx qui animait une émission destinée aux femmes. À la disparition de la station, je suis passé à CKVL avec elle. J'ai continué de lui servir de faire-valoir, mais je faisais aussi partie du *pool* d'annonceurs maison. Nous étions nombreux, puisque la politique du propriétaire de la station était qu'on ne devait jamais entendre deux fois de suite la même voix. Dans le studio de la rue Gordon, à Verdun, face à la table où était installé le micro, on avait placé plusieurs chaises où on allait s'asseoir après avoir donné une réplique ou fait une présentation. Ensuite, on glissait d'une place, à tour de rôle, jusqu'à ce que l'on ait accompli une révolution complète et que ce soit de nouveau notre tour de prendre la parole. On pouvait travailler jusqu'à huit annonceurs à la fois. Bertrand Gagnon, Yves Létourneau, Julien Bessette étaient déjà là lorsque je suis arrivé. Il y avait aussi de jeunes comédiens qui jouaient dans la troupe du père Legault le soir et qui faisaient de la radio le jour. J'y suis resté un an, toujours le soir.

Ensuite, je suis allé à Radio-Canada où je connaissais Jean-Paul Ladouceur avec qui j'avais étudié aux Beaux-Arts. Il était réalisateur à la télévision et m'avait signalé que l'on recherchait des annonceurs bilingues pour la nouvelle station CBFT de Montréal, qui diffusait à ce moment-là dans les deux langues. J'ai commencé à y travailler à l'occasion. Jack Tietelman, le propriétaire de CKVL, n'était pas fou à l'idée de nous voir bosser ailleurs, mais il avait compris que, si ses gars étaient connus par le biais de la télévision, ça pourrait amener du monde à sa radio. Mais peu de temps après, je suis entré à Radio-Canada. J'y présentais une émission destinée aux enfants où l'on montrait des courts métrages, des dessins animés, des choses comme ça. Au même moment, Radio-Canada recherchait un animateur et présentateur pour la première coproduction entre Radio-Canada, CBC et l'Office national du film. C'était une série de reportages sur film intitulée *Sur le vif* qui serait tournée un peu partout au Canada. Son pendant anglais s'appelait *On the Spot*. L'animateur était aussi le scénariste, le réalisateur effectuait la prise de son, et le cameraman faisait le reste. C'était une toute petite équipe légère. À titre d'animateur, j'ai aussi assumé la recherche. J'ai fait un premier voyage seul à travers le pays pour trouver mes sujets, des villages de pêcheurs de Terre-Neuve jusqu'aux chantiers hydroélectriques de la Colombie-Britannique, la plupart du temps en train et en voiture. Ensuite, j'ai refait le même circuit avec mon équipe, dans une familiale. L'équipe anglaise travaillait de son côté, de façon tout à fait autonome, développant ses propres sujets. On a conservé à l'ONF des copies de ces émissions, et c'est là un véritable petit bijou pour qui s'intéresse à cette époque et à la peinture d'avant-garde. L'équipe de *On the Spot* est venue tourner une émission à Montréal à laquelle participent tous les artistes de notre groupe: Mousseau dans son atelier-appartement avec sa femme Dyne Mousseau et leur fille, la comédienne Katerine Mousseau, qui avait trois ans; le très jeune Armand Vaillancourt en train de sculpter son célèbre arbre de la rue Durocher. On nous voit aussi à l'Échouerie, un haut lieu de rencontres pour les jeunes artistes de toutes les disciplines. Je suis aussi dans ce document. J'étais de passage à Montréal pour une raison bien spéciale: ma fille Annick est née le jour du tournage de l'émission qu'avait réalisée Jean Palardy. On peut donc dater très précisément l'événement: c'était le 12 novembre 1954. C'est aussi une émission passionnante pour qui s'intéresse à la télévision. La façon d'amener le sujet est pédagogique, sans être simpliste. On s'adresse au téléspectateur non pas avec condescendance mais avec gentillesse. On sent que l'animateur, même s'il ne peut pas tout saisir — qui pourrait le blâmer? —, tente de guider les téléspectateurs dans l'univers de l'art moderne avec beaucoup d'à-propos. La fin de l'émission est un véritable morceau d'anthologie. Le conservateur d'art moderne de la Galerie nationale du Canada explique devant deux toiles abstraites de Borduas et de Riopelle qu'il s'agit bien d'un art légitime qui évoque divers sentiments malgré l'absence de références visuelles concrètes, et que, lors de son passage à Ottawa quelques semaines plus tôt, la reine mère elle-même avait convenu de leur intérêt! Et le conservateur d'ajouter: «Et vous savez qu'elle s'y connaît en la matière!»

Votre premier travail à titre de réalisateur à Radio-Canada, c'était bien pour Pépinot?

À cette époque, la charge d'un réalisateur de télévision était de faire trois émissions par semaine, dont une dramatique. On ne se pognait pas le cul! J'avais une émission d'une demi-heure pour les adolescents, une dramatique assez simple, en direct bien sûr, et puis plus tard *Pépinot* que Jean-Paul Ladouceur avait créé.

Il fallait aussi diriger les comédiens?

Oui. C'était quelque chose avec la *gang*, le troupeau que j'avais là... les deux sœurs Boisjoli, le frère Boisjoli!... Mais j'avais acquis des moyens dans l'armée. Il y a un ton pour dire «Faites ça» et que personne ne réplique. Je l'avais conservé. Faut donner de la corde mais, à un moment donné, il faut ramener tout le monde en ligne.

Pendant ce temps, vous continuez à peindre?

Oui, les deux activités se chevauchent. Mais à Radio-Canada, certains de mes confrères n'ont jamais su que j'étais peintre. Plusieurs l'ont réalisé lors d'une exposition à la salle Raymond-David à Radio-Canada en 1980. Comme bon nombre n'étaient jamais venus voir ce que je faisais, j'ai décidé de leur montrer sur place. Dans le cahier qui se trouvait à l'entrée de la salle, j'ai trouvé des commentaires comme je n'en avais pas lu depuis bien longtemps, du genre: «Allez cultiver vos patates», «Mon enfant de cinq ans fait mieux que ça», etc. C'étaient les mêmes mots, les mêmes remarques que celles des cahiers d'exposition des années quarante. Je ne devrais pas m'étonner; il y a tout de même une forme de cohérence et de continuité. En 1979, le Musée d'art contemporain de Montréal présentait une exposition de mes tableaux. Tout juste à côté, j'assistais à une grande rencontre avec mes collègues réalisateurs au Centre international de la radiodiffusion qui appartient à Radio-Canada. Pendant une pause, l'un des réalisateurs, regardant le musée par la fenêtre, me dit: «Paraît que c'est là que tu exposes?» Je réponds que oui. Eh bien, aucun d'entre eux n'a traversé l'esplanade pour aller la voir! Pourquoi prendre le risque de s'exposer? C'est un aspect de ma vie qui est assez curieux. Une vie parallèle. Je suis convaincu que quelques collègues savaient que je peignais. Ils ne m'en ont jamais parlé pour ne pas attirer l'attention sur moi... à la limite, pour ne pas me nuire. Au moins pendant les premières années. Mais ça ne servait à rien. J'étais un élève des jésuites; il est impossible qu'ils n'aient pas su qui j'étais. Radio-Canada était pleine d'anciens élèves. Raymond David, qui a été chef des programmes et vice-président du réseau français, avait été mon camarade de classe en Éléments latins. Jean-Paul Ladouceur avait été chef de la production à Radio-Canada avant d'aller fonder Télé-Métropole... Ça dit beaucoup de choses sur un pays. Tu peux tout faire... mais on ne veut pas le savoir.

Pour revenir à *Pépinot*, j'en ai réalisé cinquante-deux épisodes. Pierre Desroches, qui était mon assistant, a fait les cinquante-deux suivants. J'avais, en réalité, pris le relais de Ladouceur qui, lui, travaillait en direct avec ses petits personnages qui vivaient à Pépinotville. Nous avions plutôt développé l'idée de Réginald Boisvert de retrouver Pépinot et Capucine à chaque émission devant le livre des mémoires de leurs ancêtres. Chaque récit nous ramenait donc à une époque historique, à coup de quatre épisodes par aventure. Et nous tournions les quatre épisodes en quatre jours, sur film. Comme Pépinot ou plutôt ses ancêtres avaient vécu partout, en Chine, en Afrique et à toutes les époques, les costumes et les décors changeaient constamment. Aux décors, Edmondo Chiodini et son équipe travaillaient un sacré coup. C'était un bonhomme assez extraordinaire. Les costumes étaient de Marielle Chevrier. Pour moi, ça a été une expérience formidable.

Ensuite, je suis passé à une autre coproduction Radio-Canada–CBC: *Radisson.* On me l'a proposée parce que j'avais passé un an à l'Office national du film pour la série *Sur le vif* et que j'avais la réputation de m'y connaître en film. Bien sûr, j'avais déjà tourné, mais je n'avais jamais vraiment vu quelqu'un réaliser un film. Quand arrive le premier jour de tournage de *Radisson*, je me rends compte que je n'ai aucune idée de ce qu'il faut dire pour faire démarrer la caméra. J'ai eu une idée de génie: il y avait, sur le plateau, un ancien de l'ONF, entré à Radio-Canada comme réalisateur et qui était devenu chef des émissions sur film: il s'appelait Johnny Bigras. Je me suis tourné vers lui et j'ai dit: «Johnny, à toi l'honneur!» Et Johnny de crier: «*Roll it!*» J'ai continué à dire «*Roll it*» pendant longtemps, jusqu'à ce que le cameraman Roger Moride, d'origine française, emploie le terme français «Moteur». Cette coproduction était faite dans les deux langues, dans deux versions tournées l'une après l'autre et par les mêmes acteurs. Il y avait parfois une certaine inégalité dans l'interprétation et le rendu du texte. On nous avait demandé de tourner la scène anglaise en premier. Je n'ai jamais trop su pourquoi. C'était peut-être pour nous montrer que nous n'étions pas les grands maîtres. Pourtant, la série était entièrement tournée au Québec, les intérieurs aux studios d'Oméga Productions. Ce qui nous avait valu des articles très durs dans les journaux canadiens-anglais. Un journaliste avait même écrit qu'on devrait noyer le réalisateur dans le ruisseau dans lequel ramait Radisson et duquel il n'aurait jamais dû sortir grâce à l'argent des contribuables.

On nous reprochait des choses assez curieuses. Par exemple, les Indiens. Nous avions adopté une approche très documentée, très près de leur réalité au chapitre des costumes, des maquillages, de leur mode de vie. Pas assez hollywoodienne! Au Canada anglais, on se demandait pourquoi on faisait faire des films par des gens qui ne savent même pas comment s'habillent les Indiens. L'auteur des dialogues, John Lucaroti, avait été embauché par le réseau anglais. C'était un Australien d'origine qui travaillait dans le milieu du cinéma à Toronto. Une espèce de *play-boy* qui se promenait dans une magnifique voiture sport. Il allait et venait sans cesse, nous laissant ses textes pour repartir aussi vite. Entre nous, on corrigeait ce qui n'allait pas dans la version française et on laissait la version anglaise telle quelle. Ici, la série a très bien marché, mais pas au Canada anglais. Ils sont encore réfractaires à la télé canadienne aujourd'hui, alors imaginez à ce moment-là! Encore plus pour une série qui venait du Québec! Cependant, *Radisson* a été vendu aux Américains qui en ont changé le titre pour *Tomahawk*. En tout, nous avons tourné vingt-six épisodes mais par petits bouts, quatre ou cinq à la fois. On remettait tout en question, puis on décidait d'en faire quatre autres. Ce qui n'avait pas beaucoup de sens sur le plan économique, mais c'était comme ça.

Ensuite, vous enchaînez avec une autre série sur film, pour les jeunes toujours, mais d'une tout autre facture, CF-RCK.

Oui. Radio-Canada s'était, cette fois, associée à la compagnie de production de Fernand Seguin, Niagara Films. C'était la première fois que l'on utilisait une équipe d'auteurs pour les scénarios, comme le faisaient déjà les Américains. Chaque épisode constituait une histoire, bien qu'on retrouve souvent les mêmes personnages, dont les deux pilotes de brousse qui étaient au centre de ces aventures. Ils étaient incarnés par Yves Létourneau et René Caron. Radio-Canada sollicitait donc des textes d'auteurs de partout. Plusieurs épisodes avaient déjà été tournés, et Radio-Canada n'en était pas satisfaite. Ils ont cependant décidé de conserver l'idée de mettre en scène ces deux pilotes de brousse, Corbin et Gendron, Yves Létourneau jouant le premier et René Caron, le second. Nous avons tourné des épisodes pour trois ou quatre saisons. La préoccupation principale de Fernand Doré, le chef des émissions jeunesse, était de produire chez nous des émissions pour nos enfants. Il y avait énormément de productions américaines, et le danger était considérable de devenir encore davantage colonisés. Les heures que les enfants consacraient avant à jouer dehors, à lire, etc., ils les passaient désormais devant la télé. On se disait que si on ne produisait pas nous-mêmes, il était possible qu'un jour les enfants, surtout ceux des villes qui ne sortent à peu près jamais de leur milieu, finissent par croire que les palmiers font partie de la forêt canadienne. Ils n'auraient pas eu complètement tort. La télé ne montre pas que les gens, elle présente des personnages dans leur milieu, dans leurs activités. On constatait que les parents avaient déjà commencé à abandonner leurs enfants à la télé. Nous voulions donc mettre à l'antenne des émissions au goût de ces jeunes, dont les héros et le milieu soient près d'eux.

Nous avons ensuite utilisé la même méthode de scénarisation pour la série *Rue de l'Anse* que j'ai réalisée entre 1962 et 1965. Guy Fournier supervisait le travail de plusieurs scénaristes pour conserver la cohérence des personnages. Jovette Bernier se mettait ensuite au travail pour les dialogues. Cette série avait déjà été diffusée pendant une saison. Radio-Canada était insatisfaite des résultats. Après des ajustements en profondeur, nous avons repris le travail, et elle a connu beaucoup de succès. Tant et si bien que, pour la première fois de l'histoire de notre télévision, une émission du Service jeunesse a été programmée en soirée, à une très bonne heure d'écoute. Gisèle Schmidt, Gilles Pelletier, Daniel Gadouas et les nombreux autres comédiens en vedette ont fait vivre cette fresque de la vie gaspésienne pendant plus de cent épisodes.

Ces succès et nos modes de production n'étaient pas sans créer une atmosphère spéciale entre nous, qui causait parfois des problèmes avec certains de nos collègues. Il y avait en tout cas de vraies tensions qui ressortaient parfois lors des périodes de crise. Je crois que ça tenait, entre autres, au fait que nous faisions rapidement ce qu'ils aimaient faire lentement. Le chef des émissions jeunesse, Fernand Doré, était un producteur, au vrai sens du terme. Contrairement à Gérard Robert, qui dirigeait les émissions dramatiques. Robert était un homme d'une timidité maladive qui pouvait passer une réunion entière sans jamais croiser votre regard. Il en avait acquis une souplesse hors du commun au niveau du cou, et il se retrouvait souvent le menton sur l'épaule, en train de tergiverser. Quand on lui tenait tête, il perdait les pédales. On ne pouvait pas imaginer deux hommes plus différents. Doré entretenait dans notre service une vraie ambiance de création et de liberté. Les divergences de points de vue et d'attitudes sont parfaitement illustrées dans cet exemple: pour pouvoir embaucher plusieurs scénaristes pour *CF-RCK* et *Rue de l'Anse*, nous avions dû signer une entente qui spécifiait que cette «exception» à la règle ne s'appliquait qu'aux émissions jeunesse de Radio-Canada et que, pour le reste des activités de la Société, l'entente avec les auteurs resterait inchangée, c'est-à-dire un seul auteur par téléroman. Ces idiots-là sont restés pris avec des règles du genre pendant des années. Mais ils aimaient bien les règles. C'étaient pour la plupart des anciens élèves des jésuites dont certains avaient même porté la soutane; ils se sentaient bien dans des cadres rigides. Ils étaient très sensibles à la critique de leurs pairs.

Je me souviens du cas d'un réalisateur qui avait été congédié pour avoir passé la commande à un auteur d'écrire un téléthéâtre autour d'un personnage méconnu de notre histoire, Mère Marguerite Bourgeois. Son mari était un grand débauché, ivrogne et probablement batteur de femmes, qu'elle avait finalement quitté pour entrer en religion et fonder la Congrégation de Notre-Dame. Après la diffusion du téléthéâtre, les appels téléphoniques de protestation ont commencé à être reçus à Radio-Canada, de téléspectateurs outrés que l'on ait mis à l'antenne un spectacle aussi dégradant. Le pauvre réalisateur a été mis à la porte alors qu'il avait obtenu toutes les autorisations nécessaires. Ça nous étonnait tellement de voir que, dans le fond, ce qu'on reprochait à l'émission, c'était de rappeler que cette religieuse, l'une des grandes femmes de notre histoire, n'était pas vierge!

Le réalisateur Pierre Gauvreau à l'époque de *D'Iberville*.

Pépinot et Capucine. L'Ours, M. Blanc, M. Potiron, PanPan, Pépinot et Capucine.

Rue de l'Anse. Michel Désautels et Daniel Gadouas.

CF-RCK. Émile Genest, René Caron et Yves Létourneau.

D'Iberville. Albert Millaire dans le rôle-titre.

D'Iberville. Maquette de la ville de Québec.

Pierre Gauvreau en 1967, sur le plateau de *D'Iberville*.

Le Temps d'une paix (1980-1981). Les comédiens Daniel Gadouas, Jacques L'Heureux, Marie-Louise Dion, Claude Prégent, Pierre Dufresne, Nicole Leblanc, Denys Paris, Paul Dion, Katerine Mousseau et René Gingras.

Cormoran. Nicole Leblanc, Raymond Legault et Mireille Thibault.

Cormoran, 1992. Raymond Bélisle, Gilles Pelletier et Ghyslain Tremblay.

Le Volcan tranquille, 1997.
Germain Houde.

Le Volcan tranquille.
Emmanuel Bilodeau.

Le Volcan tranquille. Louise Portal et Andrée Lachapelle.

Le réalisateur errant

Je suis frappé depuis le début de nos rencontres par l'entrain, la disponibilité de Pierre Gauvreau. Je le sais pourtant très occupé par la rédaction de son téléroman *Le Volcan tranquille*, préoccupé aussi par une décision qui tarde à venir de la part de Radio-Canada quant à une éventuelle troisième saison de cette émission. Ce retard complique bien évidemment le développement et l'écriture, mais jamais ces désagréments et les aléas d'une santé qui a déjà été meilleure ne lui font perdre le sourire. Bien sûr, certains matins, la démarche est plus raide, plusieurs gestes provoquent des grimaces de douleur, mais rien n'émousse sa bonne humeur.

Mais pas aujourd'hui. L'œil est sombre, les sourcils rapprochés et pointés vers le haut.

De mauvais poil!

MICHEL DÉSAUTELS — *Vous n'avez pas l'air de bonne humeur ce matin?*

PIERRE GAUVREAU — Vous avez raison. La lecture du journal. Le Musée du Québec vient d'annoncer qu'il ajoutait plus de deux cent mille dollars à son fonds d'acquisition d'œuvres pour regarnir sa collection de prêt d'œuvres d'art.

Mais c'est une bonne nouvelle!

Oui, mais du même souffle, ils annoncent qu'ils ne vont plus acheter d'œuvres d'artistes qui ont plus de quarante ans! Or, quand on s'intéresse un peu à la peinture, on sait bien que c'est à partir de quarante ans qu'un peintre commence à maîtriser ses moyens. C'est à ce moment qu'il se débarrasse de ses influences et, s'il a une personnalité, elle commence à s'exprimer. Et puis, c'est quoi cette histoire de règles d'âge? Un musée, comme toutes les institutions culturelles, doit s'intéresser à la qualité! Son but doit être de constituer les meilleures collections possible, un point, c'est tout! On doit acquérir les œuvres les plus marquantes d'une époque. Mais non! On est géré par des imbéciles, des incultes! On ne peut pas en même temps dire que notre système d'éducation est mauvais, inexistant, et ne pas reconnaître l'incompétence de certains de ceux qui en sortent. C'est plus ou moins étonnant. Quand on regarde les noms des gens, on constate que la fonction publique, c'est un *family compact*, particulièrement dans le monde de la culture. On y trouve beaucoup de gens qui n'étaient pas assez bons pour travailler en génie ou en sciences sociales. Ou encore des gens qui n'étaient pas assez doués pour faire de l'art leur vie.

On reparlera un peu plus tard des musées et de leur rôle. J'aimerais revenir à la télévision. Vous avez pris en main CF-RCK *alors que la série était en difficulté. Est-ce la même chose qui s'est produite avec* Rue de l'Anse*?*

Un peu, oui. La première saison ne faisait pas l'affaire de Radio-Canada. J'ai utilisé un système d'acquisition d'idées venant de plusieurs auteurs. Un scripte-éditeur reprenait le tout pour assurer la cohérence. Guy Fournier a fait ce travail, mais également Maurice Leroux. Nous avons collaboré avec beaucoup d'auteurs qui sont encore là aujourd'hui, des scénaristes, des gens de l'ONF, etc. Il s'agissait de gros plateaux, comme ceux de cinéma aujourd'hui. Toutefois, nos caméras étaient plus grosses et plus lourdes. Nos conditions de tournage entraînaient certains problèmes avec Radio-Canada, en particulier en ce qui concernait les définitions de tâches qui ne concordaient pas toujours à cause des exigences du cinéma, différentes de celles de la télé. Nous étions à peu près les seuls à travailler sur film à Radio-Canada. Ce qui nous faisait une vie passablement différente de celle de nos collègues de télévision. Nous ne passions à nos bureaux que durant les périodes de préproduction, car tous les tournages et le montage se faisaient à l'extérieur de la boîte. Mes collègues Pierre Desroches, qui avait été mon assistant, et Rolland Guay, qui a réalisé entre autres *Les Enquêtes Jobidon* avec Marc Favreau et Yvon Dufour, fonctionnaient de la même façon. J'ai d'ailleurs bossé avec Rolland Guay sur *D'Iberville*.

D'Iberville, *peut-être à cause de l'époque, avait une envergure différente.*

Première des choses, c'était une vraie coproduction. Les Français, les Suisses et les Belges étaient coproducteurs, Radio-Canada agissant à titre de producteur et de maître d'œuvre du projet. C'était la première expérience du genre pour nous. Les Européens avaient envoyé un Français à titre de coproducteur délégué. Nous diffusions encore en noir et blanc, mais nous savions que la couleur arriverait bientôt (en 1967). Il a donc été décidé de tourner en couleurs. Nous avons rencontré, dès le départ, un problème très particulier du fait que la pellicule couleur 16 mm d'alors n'était pas d'assez bonne qualité pour nos standards de diffusion. Pour des raisons financières — nous étions déjà équipés en 16 mm et le 35 mm coûtait très cher —, Radio-Canada a finalement opté pour une technique un peu spéciale. Nous tournions en 16 mm, on produisait ensuite un internégatif qui atténuait les contrastes. C'était un processus assez long et onéreux, mais nous n'avions pas le choix. Somme toute — ça, on ne l'a su qu'après —, ça aurait été plus économique de tourner en 35 mm.

Nous avons filmé nos extérieurs en quatre mois. Ce ne fut pas un été particulièrement clément. Nos décors étaient situés à l'île d'Orléans, ce qui a entraîné des problèmes supplémentaires. J'ignorais, les gens autour de moi et les gens de l'île aussi, je crois, que c'est un endroit spécial. À cause des courants très forts dans le fleuve, de la dominance des vents et de je ne sais quoi encore, il arrive souvent que, bien qu'il n'y ait que peu de nuages dans le ciel, ils trouvent toujours le moyen de venir se braquer devant le soleil. Ce que je sais en tout cas, c'est que nous avons perdu beaucoup de temps à cause de ça.

Autre particularité de cette série: on tournait avec des maquettes. Frédéric Back les avait conçues. Nous avons ainsi reconstruit les villes de Québec et de Montréal de l'époque, des forts, etc., et puis des bateaux. On peut voir certains d'entre eux aujourd'hui dans le hall de Radio-Canada. Ces navires étaient mobiles, les voiles pouvaient être montées et descendues à distance, les canons pouvaient tirer, bref, ils naviguaient vraiment. Nous avions construit un immense bassin dans les studios d'Oméga Productions. Dans ce grand terrain de jeu aquatique, on voyait des navires chavirer, d'autres perdre leur mât sous les boulets de l'ennemi... C'était une belle folie, mais qui fonctionnait. Nous avions loué deux caméras spéciales qui tournaient quatre fois plus vite que d'habitude et qui donnaient des ralentis impressionnants des grosses vagues. Pour nous tous, il s'agissait d'une première. Notre homme d'expérience, le directeur-photo, s'appelait Lorne Bachelor; il avait travaillé à l'ONF très longtemps et s'y connaissait un peu en maquettes. C'était un esprit imaginatif que j'admirais beaucoup.

Est-ce que le fait qu'il s'agissait d'une coproduction avait une influence sur le scénario, les dialogues, sur les décisions de production?

Non. Il n'y avait pas d'ingérence. La seule contrainte, et elle était tout à fait normale, c'était la présence de comédiens européens sur le plateau. La série a été présentée en Europe dans la même version qu'ici, sans que l'on double les voix, comme cela se fait presque toujours aujourd'hui. Nous avons tourné pendant un an, plus un été pour compléter les extérieurs. Pour moi, ce sont des souvenirs extraordinaires, et je me trouve très privilégié d'avoir pu être associé à une production comme celle-là. J'aurais souhaité que l'on continue à en faire, mais c'est toujours le même problème dans notre télévision francophone: on est toujours au bout de nos ressources. Après, un certain esprit fonctionnaire a commencé à s'installer. Les réalisateurs n'étaient pas fous à l'idée de partir pendant des mois loin de leurs familles. On vieillit, quoi!

Je rigole, mais c'est vrai que l'âge, ou plutôt le temps, joue un certain rôle. On est toujours mû par l'instinct d'améliorer les choses, mais la possibilité de le faire est limitée. En ajoutant des éléments, on crée un poids supplémentaire sur le système et on atteint un point limite de progrès. Il faut savoir s'arrêter et recommencer à côté. L'expérience, contrairement à ce que l'on croit, n'est pas cumulative. À l'extérieur de Radio-Canada, ici et en Europe, il y avait beaucoup de producteurs qui n'étaient pas ravis de voir la télévision publique se développer dans ce sens-là. Enfin, cette production a été très prenante, à tel point que je n'ai rien vu de l'Exposition universelle de 1967.

En décembre, une fois le travail terminé, j'ai été hospitalisé pour une opération à la vésicule biliaire. J'étais exténué. Pendant des mois, j'avais visionné les *rushes* du tournage jusqu'à deux heures du matin et je m'étais levé à cinq heures tous les jours, pour être sur le plateau en début de matinée. On sentait en plus une grande tension entre la production et le service des dramatiques de Radio-Canada. En fait, malgré les bons souvenirs, je suis sorti de cette expérience mécontent. Parce que nous étions prêts à poursuivre la série avec un autre volet sur la présence des Français sur le continent américain, jusqu'en Louisiane. Nous avions déjà les costumes, les accessoires, les personnages, bref, nous pouvions rentabiliser les investissements qui avaient été faits. Le gouverneur de la Louisiane était même venu à Montréal nous offrir son entière collaboration. Mais à la haute direction de Radio-Canada, on avait des impératifs, je ne sais pas lesquels, qui faisaient que la série devait s'arrêter là.

C'est à ce moment que j'ai quitté Radio-Canada. J'ai eu une proposition de Radio-Québec qui venait de naître. Une proposition qui, théoriquement, faisait mon affaire: chef de la création. J'imaginais que j'avais quelques dieux, quelques anges à ma disposition. C'est Claude Robert qui me l'avait proposé. Robert avait été administrateur à Radio-Canada et avait été détaché comme directeur de production — il n'en avait pas le titre, puisque ce poste n'existait pas à Radio-Canada — sur *D'Iberville*, pour contrôler ce gros bateau. Lorsque la série s'est terminée, l'idée de se retrouver derrière son petit bureau ne lui avait pas plu, il était donc passé avant moi à Radio-Québec. Il avait commencé à constituer les premières équipes techniques et de scénographie; moi, j'ai embauché les premiers réalisateurs. Plusieurs venaient de Radio-Canada, certains y avaient été assistants — des gens qui avaient la compétence nécessaire pour devenir réalisateurs, mais pour qui les promotions ne venaient pas assez vite. Je pense particulièrement à André de Bellefeuille que j'avais d'abord connu comme comédien dans la troupe de Paul Buissonneau, qui a ensuite été mon assistant dans le tournage de *Rue de l'Anse*, etc., et qui était un jeune homme extrêmement dynamique.

Enfin, ce démarrage a été très long à faire. Il y avait des querelles incroyables entre les gens de télévision et ceux qui venaient des milieux de l'éducation. Qui aurait le dernier mot sur le produit? Ça n'est pas encore réglé d'ailleurs, et ne se réglera jamais. Tant que les émissions seront faites par des techniciens de la télévision qui travaillent avec des gens qui n'y connaissent rien. Il y avait aussi une autre bataille: est-ce que toute la production doit être faite par Radio-Québec ou la manne doit-elle être dispersée sur la tête des producteurs indépendants? Autre querelle très actuelle! Je crois, personnellement, que c'est inévitable. Il y a des désavantages dans les deux systèmes. Quand on n'a que des permanents, le système est lourd. Quand on n'a que des pigistes, où les former? De plus, ces pigistes sont très vulnérables à toutes sortes de pressions. C'est un peu insoluble. Ce que je sais, c'est qu'à la fin, le public est perdant. Car de l'argent est dépensé inutilement pour quelques grosses productions qui coûtent cher, qui assurent la gloire de leurs producteurs, mais qui ne laissent que des miettes pour le «reste» de la programmation.

À mon arrivée, il y avait un projet majeur auquel le ministère de l'Éducation tenait absolument: *Les Oraliens*, qui sera suivi des *Cent Tours de Centour*. C'était très complexe, avec beaucoup d'animation, pour créer des personnages nains qui évoluaient dans toutes sortes de décors. L'électronique en télévision avait des possibilités énormes, mais pas encore éprouvées. C'est André de Bellefeuille qui a tout monté à titre de producteur et qui, ensuite, est passé à la direction.

À la suite d'élections à Québec, il y a eu remaniement à la direction de Radio-Québec. Un ancien jésuite, le père

Labonté, ex-recteur du collège Sainte-Marie, devient président. Il avait quitté les ordres, s'était marié, mais était resté foncièrement jésuite. Il me convoque pour m'annoncer qu'il y a un poste de vice-président dans la nouvelle structure, un poste qui, dit-il, devrait me revenir si on s'en remettait uniquement à ma compétence. Cependant, il ne pouvait pas me l'offrir. Il avait à la place embauché Antonin Boisvert, un ancien de la radio de Radio-Canada et... ex-jésuite. Il m'a donc demandé de rester en poste pour «initier» M. Boisvert à ses nouvelles fonctions et à la télévision. J'ai dit non et j'ai démissionné de Radio-Québec. Un mois plus tôt, l'Office national du film m'avait proposé la direction de la production française. J'avais refusé en expliquant que des choses se préparaient à Radio-Québec et que je préférais y rester. Après ma «chaleureuse» rencontre avec Labonté, j'ai communiqué avec l'Office pour savoir si le poste était toujours disponible; il ne l'était plus, mais un poste de producteur, donc subalterne, l'était. En fait, on appelait ça «chef du studio de fiction».

Étiez-vous amer, on pourrait l'être à moins, de voir cette énergie déployée à créer une toute nouvelle télé récompensée de cette façon?

J'avais une certaine colère. Mais ce qui me mettait dans une fureur profonde, c'était de voir que des choses en état de fonctionner étaient démontées systématiquement. C'est comme si le gouvernement disait «On veut faire ceci» mais que, dans les faits, il nous mettait sans arrêt des bâtons dans les roues. Je ne sais pas combien de restructurations, de contrôles par influences, de circulations d'argent vers les caisses électorales sont venus miner les efforts des gens compétents dans la boîte qui ne demandaient qu'à faire leur travail. La compétence, comme le zèle, est très mal vue. Ça prend des gens très déterminés pour s'accrocher. Et qui aiment la télévision. J'y suis venu, plutôt que d'aller vers le cinéma, convaincu que c'était le média de l'avenir, le média tout-puissant, et que si nous ne la faisions pas nous-mêmes, d'autres s'en occuperaient. J'ai continué à peindre pendant un long moment, parce qu'il n'y a pas d'intermédiaire, pas d'emmerdeur entre ta toile et toi. C'est plus facile d'une certaine façon de peindre lorsque tu as un salaire à côté. C'est plus facile de conserver sa liberté. Une liberté que j'ai gardée jusqu'à maintenant. Je ne suis pas attaché à une galerie. J'admire les peintres qui le méritent, et puis les autres, je m'en fous.

À l'ONF, il n'y avait pas ce genre de pressions?

Quand j'y suis arrivé, on venait de réorganiser la maison. Il y avait un comité du programme composé du directeur de la programmation, du directeur de production et des cinéastes. Autant la structure de Radio-Canada était traditionnelle et pyramidale, autant celle de l'Office était ouverte. En fait, dans bien des cas, c'étaient les réalisateurs qui avaient le pouvoir. On avait tenté de démocratiser tout ça. Je ne suis pas certain que ce soit la bonne voie. Le talent, ça ne se démocratise pas. Si tout le monde peut tout dire et tout faire, c'est toute la structure qui va se scléroser. Passons.

Lorsque je suis arrivé, puisque la politique de programmation permettait de faire du long métrage de fiction, plusieurs projets étaient dans l'air. Claude Jutra était déjà dans la production de son film *Mon oncle Antoine*. Le film de Beaudin, *Stop*, était arrêté. Car il y avait des tiraillements à l'intérieur entre ceux qui voulaient faire de la fiction et les «documentaristes» qui disaient que c'était dépenser bien de l'argent pour rien alors qu'il restait plein de choses à tourner dans notre monde «réel». Sydney Newman, le commissaire de l'Office, avait interdit la diffusion du film *On est au coton* de Denys Arcand, mais des copies clandestines circulaient. Nommé par les libéraux, Newman était un unilingue anglophone. À l'arrivée de Pierre Juneau comme notre ministre responsable, on a créé un poste de commissaire-adjoint pour le secteur français. C'est André Lamy qui en a hérité. C'est l'œil d'Ottawa sur les services français où ça grouille pas mal. Faut se rappeler que nous sommes en 1970! C'est lui qui va me proposer la direction des services français et c'est le cinéaste Bernard Devlin qui aura ce poste chez les Anglais. Je serai impliqué dans la production des films de Jacques Godbout, *IXE-13*, de Francis Mankiewicz, *Le Temps d'une chasse*, de Thomas Vamos, *L'Exil*, de Clément Perron, *Taureau*...

C'était un milieu très stimulant, anarchique, pas du tout homogène, avec des clans qui s'affrontaient. J'ai eu de très bonnes relations avec plusieurs. Sauf avec Pierre Perrault. Quel arrogant personnage! C'était comme un évêque! Aucun de ses collègues ne l'appréciait. Il faisait bande à part. Une sorte de vache sacrée dans les services français. J'allais avoir cinquante ans et je me suis dit «Zut! qu'est-ce que je fais faire de mes cinquante prochaines années?» Je me retrouvais loin de la création, en train d'essayer de gérer des problèmes ingérables. Puis, à force de pression, le syndicat avait obtenu que l'on crée un nouveau poste permanent. C'est à moi que devait revenir la décision de son attribution. Les loups rôdaient et étaient voraces. Je me voyais en train de m'user pour rien, en réalisant que je ne serais jamais pour eux un gars de l'ONF. Je suis allé voir Sydney Newman pour lui faire part de ma décision. Il était très curieux de connaître la raison de mon départ. Je me suis ouvert. Sans blâmer personne, je lui ai dit que je ne me voyais pas être déchiré entre les différents clans, seul de ma meute. Le bruit courait déjà que je retournais à la pige. En fait, je voulais m'arrêter pour reprendre ma peinture à plein temps et ça, beaucoup de gens ne le comprenaient pas.

Janine Carreau, ma femme, que j'ai connue à ce moment-là, me dit que c'est pour cette raison qu'elle est devenue «folle d'admiration» pour moi. Parce que j'osais laisser tomber un poste convoité pour des principes. Dans les faits, ce *job* n'était pas si intéressant. Tu arrives au bureau à sept heures du matin pour compléter ce que tu n'as pas eu le temps de faire la veille, puis tu en sors à dix ou onze heures du soir, après avoir passé la journée à piétiner dans la semoule. Tu navigues au centre de cabales terribles, tu composes avec des alliances ponctuelles entre des cinéastes et des chefs de studio...

Pourtant, vous deviez savoir en arrivant que vous étiez un outsider *et que cette culture d'entreprise ne vous était pas familière?*

Je connaissais la grande majorité de ces gens individuellement et personnellement. Individuellement, je n'ai eu de problèmes avec personne. Sauf avec Perrault, qui faisait chier tout le monde. C'est globalement que ça ne fonctionnait pas. Contrairement à l'espoir que j'avais pu entretenir au cours des premiers jours de Radio-Québec de participer à la création de quelque chose de nouveau et de jeune, là, je ne pouvais pas me leurrer.

Lequel des films dont vous parliez tout à l'heure vous a laissé les meilleurs souvenirs?

La production du film de Jacques Godbout, *IXE-13*, a été particulièrement intéressante. Le projet dormait là depuis un bon moment, mais n'avait jamais passé la grille du programme. On le craignait trop ou alors on ne voyait pas ce que ça pourrait donner. Plus un projet de film est original, plus il est difficile à faire accepter par les administrations. Il faut pouvoir voir au-delà des évidences, du premier degré. C'était le cas du film de Godbout. À preuve, il a connu un bon succès à l'époque et est aujourd'hui une sorte de film-culte. C'était en quelque sorte un film expérimental dont les décors étaient peints par Claude Lafortune. J'y ai travaillé d'ailleurs. J'ai notamment fabriqué le Sphinx. La perméabilité des structures était un des aspects amusants du travail à l'Office. Un cinéaste peut tout faire. De la caméra, du son, des décors: ton champ d'action est universel. C'était assez fabuleux; je me demande si c'est encore comme ça aujourd'hui. Il était envisageable que le producteur que j'étais prenne un pinceau et fasse son bout de travail. Vraiment, ç'a été une production tout à fait agréable. Louise Forestier, Louisette Dussault, les Cyniques et Carole Laure faisaient partie de la distribution. Luce Guilbault et Diane Arcand en étaient aussi. La musique de François Dompierre était aussi très intéressante.

Ce film est encore d'actualité. Je me souviens de l'avoir visionné avec mes fils qui l'ont beaucoup aimé. Ils étaient même surpris de voir que leurs «ancêtres» avaient pu faire des choses aussi intéressantes.

Eh oui! Nous avons cultivé une image qui voulait que nos ancêtres aient été des «épais», eh bien là, ça nous retombe sur le nez, parce que les ancêtres… on est dedans!

Donc, ce fut la fin de votre bref passage à l'Office national du film?

Oui. Il y avait eu des changements à Radio-Québec (encore!) et André de Bellefeuille était devenu directeur de la production ou quelque chose comme ça — ils ont toujours eu de ces titres! J'y suis allé cette fois comme simple réalisateur. J'ai fait trois séries. Une série de reportages sur le théâtre avec Jean Fleury, qui s'appelait *On n'a plus les séances qu'on avait.* Il y avait alors une véritable explosion de petites compagnies théâtrales, de nouveaux talents. Fleury connaissait bien ce milieu puisqu'il était le directeur de l'Association québécoise du jeune théâtre. Radio-Québec avait accepté le projet, mais ils avaient été bien surpris du résultat. Ils croyaient voir du théâtre «amateur» et ils se sont retrouvés devant des productions éclatantes, vivantes, fortes! La Quenouille bleue, le Grand Cirque Ordinaire, la troupe du Bonhomme Sept Heures, la troupe des Treize, la troupe de Pierre Gobeil, l'Atelier de Sherbrooke, le Théâtre du sang neuf de l'Université de Sherbrooke, la troupe de Lionel Racine que dirigeait un monsieur d'une soixantaine d'années et qui faisait des spectacles dans le genre *Fridolinades*, des femmes auteures et des collectifs. Vous voyez que ça allait dans toutes les directions!

Nous avions aussi tourné au Conservatoire d'art dramatique et, dans le groupe des finissants, on retrouvait Lorraine Pintal et Louise Saint-Pierre. J'ai commencé à tourner à l'automne 1972 pour une pleine saison. L'été suivant, je suis allé au Festival de théâtre de Jonquière. J'ai tourné là-bas tous les spectacles, sauf celui de La Vraie Fanfare fuckée qui s'y opposait par principe. Ils étaient des purs et durs. À mon retour à Montréal, on se demandait bien ce qu'on pourrait faire de tout ça. Finalement, Radio-Québec a décidé de faire une intégrale, en fait elle durait cinq jours. J'avais fait un montage fou! J'ai appris que, quelques années plus tard, Radio-Québec avait voulu récupérer des rubans et qu'ils ont tout effacé.

Après, j'ai réalisé une série sur les «patenteux» du Québec qui s'appelait *Si le monde savait,* à partir d'une recherche de Lise Nantel, Marie Descarie et Louise Grosbois, un groupe des Beaux-Arts de l'Université du Québec à Montréal. Francine Larivée avait effectué les entrevues. Là aussi, j'ai fait de belles découvertes. On était loin des «gosseux de bois». C'étaient des artistes avec beaucoup d'imagination. Mais ne cherchez pas ces émissions à Radio-Québec, on les a aussi effacées.

J'ai ensuite réalisé *Aux yeux du présent*, une vingtaine d'épisodes sur deux saisons. Ç'a été une période très difficile pour moi. D'une part, il y avait encore la guerre entre les pédagogues et les gens de télé; des gens comme Lynn Fournier et Andréanne Bournival qui venaient de TEVEQ, la télévision éducative, ne partageaient pas toujours nos points de vue. D'autre part, on remettait sans cesse la décision de poursuivre ou non. Je me souviens être parti en vacances un été sans savoir si mon émission revenait à l'automne. Pour un pigiste, c'est dur. Le pire, c'est que j'ai appris que la décision de reconduire l'émission avait été prise dès février, mais que l'on avait espéré jusqu'au dernier moment la refiler à un permanent. Ce climat-là me déplaisait vraiment. Aussi, lorsque Radio-Canada m'a proposé d'aller remplacer Michelle Lasnier à la direction des émissions féminines pendant son année de congé sabbatique, j'ai vite accepté. Je ne suis jamais retourné à Radio-Québec. C'est dommage parce que j'adorais la formule de *Aux yeux du présent*. C'était une énorme production de quatre-vingt-dix minutes avec des comédiens, des extraits de documents sur film et un public qui jouait un rôle puisqu'il devait rendre un verdict à la fin de ce procès à caractère historique. Nous n'avions que très peu de temps pour répéter et l'enregistrement se faisait en faux direct, donc en temps réel. J'avais un groupe de scripteurs talentueux, qui étaient des employés maison, dont Jean-Pierre Morin, Denys Saint-Denis, Lise Lemay-Rousseau, Christian Delmas et André Caron. Quelques-unes de ces émissions étaient vraiment exceptionnelles. Je me souviens en particulier de celle consacrée à la bataille de Dieppe. De vrais participants en étaient, dont Lord Mountbatten, qui avait enregistré un témoignage pour nous.

À quel moment avez-vous commencé à écrire pour la télévision?

À l'automne 1973, il y a eu une grève à Radio-Québec. Tout le monde croyait qu'elle serait courte, mais elle a duré plusieurs mois. Je me suis mis à écrire un projet de téléroman que je suis allé proposer à Radio-Canada. C'était une série de vingt-six heures qui s'intitulait *À bien y penser* et qui était en fait la première version de *Le Temps d'une paix*. Elle devait couvrir la période de 1919 à 1959. C'était au fond une minisérie avec beaucoup de moyens. J'ai fini par en écrire les treize premiers épisodes, mais Radio-Canada a abandonné le projet sous cette forme. Le temps va passer, au cours duquel je poursuis *Aux yeux du présent*, je remplace Michelle Lasnier et je vais même réaliser une saison de *Chez Denise* à Radio-Canada pour rendre service: on ne trouvait personne dans la maison pour cette émission. En fait, cinq années passent. Puis un jour, Claude Caron, qui avait quitté Radio-Canada et qui était devenu vice-président de Radio-Québec, me dit qu'il serait bien prêt à prendre la série. Je me suis donc tourné vers Radio-Canada en leur demandant s'ils avaient l'intention de passer à l'action ou pas. Comme les droits allaient être libérés, il fallait bouger. Ils se sont réveillés et m'ont demandé de réécrire la série sous forme de téléroman d'une demi-heure, et de la réaliser. On disait que personne ne voulait toucher à un téléroman qui parlait du passé. Mais même si on ne me l'a jamais dit ouvertement, je crois que les réalisateurs ressentaient de l'insécurité devant un confrère qui, en plus, connaissait bien les rouages de la boîte. Heureusement, Yvon Trudel a lu les textes et a été emballé. Il a quitté *Terre humaine* pour venir travailler sur *Le Temps d'une paix*. C'est Richard Martin, réalisateur et plus tard directeur des dramatiques, qui a d'ailleurs trouvé le titre. J'ai pris les deux premières heures de la série initiale et je les ai développées pour en faire la première saison. De la même façon, j'ai fignolé les premiers jets en enrichissant les personnages, en les modifiant, en en créant d'autres pour poursuivre cette série avec *Cormoran* et poursuivre plus avant mon propos avec *Le Volcan tranquille* qui prendra l'antenne à Radio-Canada à l'automne 1997. Si on fait le compte, j'ai écrit cent trente-six épisodes du *Temps d'une paix*, soixante-dix-huit de *Cormoran* et je suis en train d'écrire la troisième saison du *Volcan tranquille.* Essentiellement, ces trois séries racontent l'histoire de la modernisation du Québec. Mais comme dans tout ce que j'écris, cette histoire est vécue par des gens ordinaires.

Vous avez aussi écrit un téléthéâtre qui m'avait beaucoup marqué, une histoire cruelle mais très collée à certaines réalités, intitulé Vendredi, 16 h 45. *C'était en quelle année?*

En 1977, je crois. C'était une commande de Jean Faucher qui savait que j'avais commencé à écrire pour la télévision. J'avais embauché France Capistran pour réaliser une recherche sur le monde des cadres d'entreprise. C'était une recherche très bien faite. On me l'a d'ailleurs un peu reproché en disant qu'on voulait une dramatique et non pas un documentaire. Pourtant, l'histoire de cet homme de cinquante ans que sa boîte met à la porte d'une manière inqualifiable et qui finit par presque adhérer à leur point de vue est d'une grande actualité, et, il y a vingt ans, c'était prémonitoire J'aimais beaucoup ce sujet. Voir cet homme qui a investi toute sa vie dans un système, qui a foi en lui, et qui regarde la machine du système se retourner contre lui et le broyer, c'est assez effrayant.

Je vous entends parler des joies mais aussi des contraintes de la télévision, peut-on affirmer que la peinture est l'art le plus libre de tous?

Oui. La musique aussi. Mais une fois la composition faite, si vous voulez donner à la musique toute sa dimension, vous avez besoin d'autres moyens, d'autres structures. Alors qu'en peinture, vous pouvez mettre toutes les couleurs du monde sur un tableau de dix milles de long, c'est encore à la portée d'un seul homme.

Mais ensuite, ça prend un musée, ou plutôt un casino, pour l'acheter!

Il n'y a pas assez de casinos, c'est pour ça que les peintres crèvent de faim. C'est vrai que les impressionnistes, surtout, ont peint pas mal de gens en train de jouer, de boire. (*Rires.*)

Il y a une chose dont on n'a pas encore parlé et qui m'intrigue. À partir de 1963, et pendant treize ans, officiellement à tout le moins, vous ne peignez pas. Pourquoi?

Pas seulement officiellement, dans les faits aussi. Pourquoi? Parce que je suis pris par la télévision. Je n'ai pas décidé de cesser de peindre. Les choses sont arrivées comme ça. La production télévisuelle me prenait un temps fou. J'ai en fait cessé de peindre au moment où nous nous sommes connus, donc pendant le tournage de *Rue de l'Anse*. C'est un aspect assez particulier de ma vie et de ma carrière. J'ai été un peintre à plein temps, un réalisateur à plein temps, de façon séparée, et c'était aussi comme ça dans la tête des gens, sauf pour quelques amis très intimes. Les gens ne faisaient pas le lien, évitaient même de le faire, n'arrivaient pas à comprendre comment je pouvais faire de la télévision et ce genre de peinture là. Encore aujourd'hui, c'est un problème majeur.

C'est un problème de perception qui est peut-être accentué par le fait qu'autant votre peinture était en rupture avec les conventions, autant vos œuvres de télévision étaient de facture conventionnelle.

Oui.

Cet écart dans l'approche esthétique était-il forcé par les conditions de production ou y a-t-il chez vous ces deux personnalités-là?

Ah non! ce ne sont pas deux personnalités! Il y a une seule personnalité, mais qui peut s'exprimer de plusieurs façons. Pourquoi la télé? Il y a peut-être des gens qui ne le savent pas, mais c'est l'invention du siècle! La société canadienne-française, c'est à peine si on en entendrait parler s'il n'y avait pas eu la télévision. Sans ce type de communication visuelle, nous aurions à toutes fins pratiques disparu. Car la télé, ce n'est pas qu'une boîte qui diffuse des dramatiques. Il y a les nouvelles et tout le reste. Je vais aller plus loin: la société québécoise est inimaginable sans la télévision. On aurait été assimilés tranquillement, à commencer par Montréal. On voit aujourd'hui à quel point il reste des luttes à mener pour rester à flots dans l'île de Montréal. Imaginons ce que ça serait sans la télé. Surtout après la guerre, avec l'attitude qu'avaient eue les Québécois face à la conscription, on aurait été une société isolée, sans moyens.

Vous avez eu très tôt cette intuition que la télévision serait cet outil formidable?

Bien sûr! Puis, pour bien des gens de ma génération, les intellectuels surtout, lorsqu'on n'avait pas les moyens de faire du cinéma, on faisait de la télévision. Au moins, tu es là, présent quelque part. Il y a une chose qui m'agace beaucoup chez certains, c'est cette attitude qui veut qu'on se retire lorsque les choses ne sont pas à notre mesure. Au point de vue stratégique, c'est mauvais. Parce que dans la société, ça ne se passe pas ainsi. Ce ne sont pas les pensées, les échanges, les conversations qui font que les gens changent. C'est la réalité, les choses concrètes. Si la télévision s'était développée uniquement en anglais, il n'y a pas grand monde qui parlerait encore français. Dans un sens, ceux qui voulaient nous assimiler ont raté leur coup. Parfois, les bonbons que l'on donne au Québec nous ont servi. Le grand thème du biculturalisme ne pouvait mieux s'incarner qu'à la télévision, avec deux réseaux distincts, ce qui nous a été, dans le fond, d'un grand secours. Je ne suis pas certain qu'avec les changements nombreux qui se profilent à l'horizon, nos dirigeants politiques ne vont pas toucher à ce concept-là. C'est notre perception de ce que nous sommes en tant que Québécois qui en serait altérée. De la même façon, la définition que se font d'eux-mêmes les Canadiens pourrait en souffrir. Déjà, en diminuant les ressources, on affaiblit les connaissances des plus jeunes, donc leurs moyens. Je suis atterré parfois de voir à quel point ils sont ignorants de ce qui s'est passé avant leur première communion. Pas parce qu'ils sont idiots, mais parce qu'on ne leur a jamais dit qu'il y avait autre chose. Pour eux, la réalité s'arrête à la personne qui se trouve à l'écran. C'est certain que notre mode de perception de l'univers est en mutation. Le cerveau est sollicité bien plus qu'il y a cinquante ans par les seules activités de survie et de communication. Il faut donc apprendre à décoder autrement les messages reçus. Je crois que notre cerveau détermine de façon générale que les choses qu'il voit le plus souvent sont les choses les plus importantes, comme par réflexe. Cela peut nous mener à toutes sortes d'aberrations. Je crois que nous sommes en train de vivre une révolution considérable.

Revenons un moment sur cette longue période d'interruption en peinture. Vous n'avez pas senti de «manque»? Souvenez-vous, vous me disiez que, très jeune, vous saviez déjà que votre vie serait la peinture.

Non, je ne me souviens pas de l'avoir vécue de cette façon. De la même manière, je ne me souviens pas m'être dit que ma vie, ce serait la peinture ou rien. Mes choix ont parfois été dictés par les circonstances. Quand tu es mis à la porte du collège, que tu es sans moyens, il faut bien trouver une manière de te mettre en valeur. Quand ta mère, ta tante n'ont jamais d'argent, ça crée un contexte de vie différent qui a ses exigences... bref, je n'ai pas toujours fait ce que j'ai voulu. J'ai beaucoup rêvé par contre. Tout jeune déjà. Au début sur les reproductions en noir et blanc des tableaux de Michel-Ange dans le *Petit Larousse illustré*. Puis sur un numéro du magazine *Life* de 1938 qui nous montrait pour la première fois les reproductions des tableaux de Picasso... C'était tellement frustrant... crisse, c'était à brailler! De se dire: «J'ai rien qu'une vie, je suis né sur la planète et puis ostie, c'est au Québec avec une *gang* de gnochons, il n'y a rien nulle part.» Pour ne pas penser comme ça, il fallait être complètement conditionné par leur enseignement religieux, s'émerveiller devant Dollard des Ormeaux. C'était facile de mesurer qu'on était en retard d'un siècle dans bien des domaines. On n'était même pas encore entré dans l'ère industrielle, parce que personne ne faisait l'éloge du modernisme. C'était le diable, fallait faire attention à ça!

J'aimerais revenir avec vous, dans votre atelier, lorsque après treize ans, vous vous retrouvez de nouveau devant une toile. Essayez de me décrire ce qui s'est passé.

C'est fascinant et bizarre à la fois. Les premiers traits, les premières toiles sortaient de moi comme s'il n'y avait pas eu d'interruption. Je veux dire exactement comme si c'était la veille. Les mêmes couleurs, les mêmes gestes, le même monde. Comme si cet aspect de mon univers créatif s'était tout simplement mis en veilleuse et était tout à coup réactivé. Comme si je n'avais rien vécu pendant ces treize ans! C'était presque hallucinant. Cette période a duré environ trois mois. Ensuite, d'un seul coup, tout a changé. Couleurs plus vibrantes, dimensions plus importantes, c'est un univers complètement différent qui surgissait dans mes toiles.

Questions et désenchantements

Au cours de la période des Fêtes, nous avons fait une pause dans nos rencontres. Nous avions convenu de nous revoir dans quatre ou cinq semaines.

Durant cette longue interruption, Gauvreau a beaucoup écrit et livré six épisodes de son téléroman *Le Volcan tranquille* à Radio-Canada.

Je le retrouve en très grande forme, soulagé que le travail de rédaction se soit bien déroulé. Il est reposé, parle avec abondance. Il m'explique qu'il écrit pratiquement toujours d'un premier jet et doit très peu revoir son travail. Il travaille à la machine à écrire, non pas à l'ordinateur. «Je suis trop vieux pour faire la transition», dit-il, en ajoutant qu'il a ses habitudes. Il a réalisé son travail de rédaction en totalité à la campagne, dans sa maison de Saint-Armand, tout près de la frontière américaine. C'est d'ailleurs là que se trouvent son atelier de peinture et son jardin. Les «trois espaces de création» qu'il partage et développe avec sa femme, Janine Carreau.

MICHEL DÉSAUTELS — *Décrivez votre manière d'écrire.*

PIERRE GAUVREAU — J'écris rapidement, une fois que mon idée est faite. L'écriture dépend beaucoup de la complexité du produit fini. Plus il y a de monde, plus la production sera complexe, plus tu es dépendant. Mais si tu peux travailler dans des conditions comme les miennes, par exemple, ça va. Je travaille avec un réalisateur principal, qui est en fait une réalisatrice, Pierrette Villemaire, plus deux autres personnes qui sont des metteurs en scène, pas des metteurs en ondes. Tu finis par sortir quelque chose qui a un certain équilibre.

Est-ce que le fait d'avoir beaucoup réalisé pour la télévision modifie votre écriture?

Il y a des choses que je n'écris pas. Mais ce qui importe le plus, c'est le fait que les choses auxquelles je pense se réalisent. Je l'ai vécu en tant que réalisateur. On se retrouve devant des idées excellentes, magnifiques, mais impossibles à réaliser dans le temps alloué. Je parle de temps plus que d'argent, car le temps est le plus grand des moyens, surtout quand arrive le moment de la mise en scène.

La télévision n'a jamais été aussi généreuse de son temps que le cinéma, et elle l'est encore moins maintenant!

Il n'y a pas que cela qui ait changé. La télé est arrivée d'un coup, une sorte de printemps. Il y avait plein de réalisateurs partout. Trente, quarante ans après, ce sont encore, pour une bonne part, les mêmes réalisateurs qui sont là. Il y a un phénomène assez particulier: la télévision rajeunit, mais son encadrement vieillit. Les conventions collectives ont protégé des gens dans leurs emplois pendant longtemps, mais ça s'est fait au détriment d'un certain renouvellement. Le sang nouveau arrive, mais en quantité limitée. Ce sont presque tous des pigistes, ce qui est assez nouveau, car, au début de la télé, on a rempli les cadres de permanents, et les pigistes étaient assez rares. Ce n'est qu'avec le départ à la retraite des plus anciens que le phénomène s'est amplifié. D'ailleurs, pendant longtemps, les pigistes étaient très mal vus. Comme une race moins pure. Il y avait une espèce de légende qui voulait qu'on était pigiste pour faire plus d'argent. Elle est restée ancrée dans l'esprit des gens. Quand on voit les chèques de paie, peut-être, mais si on tient compte des avantages sociaux consentis aux permanents, le raisonnement ne tient pas.

On voit beaucoup de gens de Radio-Canada qui viennent tout juste de passer le cap de la cinquantaine prendre leur retraite.

C'est invraisemblable. À cinquante ans, un réalisateur, par exemple, arrive à l'âge où l'on peut dire des choses personnelles. Il a un bagage. On le renvoie chez lui dès qu'il atteint cette maturité.

Que pensez-vous de la lettre que viennent de faire parvenir [janvier 1997] aux Canadiens et aux parlementaires quatre anciens présidents de Radio-Canada, Laurent Picard, Al Johnson, Pierre Juneau, Anthony Manéra (il n'y a que Gérard Veilleux qui manque) pour sonner l'alarme et dire que l'on a passé le cap des compressions acceptables pour continuer à respecter le mandat et la raison d'être de la Société?

Je ne sais pas si leur message sera entendu. Ce que je sais, par contre, c'est que l'objectif de beaucoup d'hommes politiques, c'est d'en arriver à sa disparition. Pour beaucoup de Canadiens anglais aussi, le réseau français de Radio-Canada, c'est la bête noire. Je fais aussi l'évaluation suivante: si on n'avait pas eu la radio française et ensuite la télévision, probablement que les Canadiens français auraient été assimilés. Ou encore, pour toutes les grandes questions comme la modernité, on adopterait les positions des Anglais. On serait une ethnie, avec des îlots dans des régions reculées. En fait, je crois même que cette assimilation était souhaitée dès le départ. Mais les conditions politiques étaient telles à l'époque qu'on ne pouvait pas ne pas accorder à la majorité francophone au Québec ces outils que sont la radio et la télévision. On a voulu nous donner au moins l'illusion que nous avions notre part là-dedans. Eh bien, nous, on a pris ça au sérieux! Comme la société canadienne-française d'après-guerre était extrêmement énergique, ça a bougé. Tous ceux qui avaient volontairement ou non quitté leurs mamans pour aller servir à la guerre sont rentrés différents. Ils avaient vu autre chose, et le discours avait changé. Ils étaient partis pour défendre la «démocratie», un concept que l'on n'évoquait jamais ici avant 1939. On parlait plutôt de devoir, de survivance, de foi, mais de démocratie, jamais. Alors ceux qui sont rentrés se sont dit: Pourquoi ce qui était bon pour les autres il y a quelques années ne le serait pas pour nous, ici, maintenant?

Il est assez remarquable que ces idées-là — droit à la différence, affirmation d'une identité culturelle propre et d'une société distincte des voisins à l'intérieur d'un même pays — aient explosé aussi rapidement au Québec par la suite alors qu'au Canada anglais, et je l'ai assez fréquenté depuis vingt-cinq ans pour le dire, cette tolérance-là n'a pas beaucoup progressé, en fait elle a peut-être même régressé. On reconnaît aux sikhs le droit de porter le turban sous leur chapeau de la Gendarmerie royale, mais pas aux Québécois le droit de décider pour eux-mêmes en matière culturelle.

Les pays où c'est accepté, ça n'existe pas non plus.

Peut-être suis-je encore un peu naïf?

Oui, et je le suis un peu moi aussi. Mais il est vrai que ça n'existe pas. Tu ne peux pas avoir la cohésion nécessaire à une nation si tu n'exclus pas. Il faut dire à un moment donné: ceux qui sont comme ci en sont, ceux qui sont comme ça n'en sont pas. On peut, sur un plan abstrait, dire que tout le monde est égal. Mais on ne peut pas rendre de force tout le monde égal, sinon ça devient de la tyrannie. Je dis égal au sens de pareil. Car si je mange du boudin et que mon voisin dit que ça ne se fait pas, on ne peut que constater la différence. Imposer la consommation du boudin ou l'interdire serait de la folie. Il faut donc laisser jouer les mentalités, ce qui prend un temps infini. Pour en arriver à la cohésion dont je parlais tout à l'heure. Avant, il y a des frictions et la tentation pour un groupe ou un autre de prendre le dessus. Mais tout ça revêt une importance bien relative quand on pense aux chemins empruntés pour que nous puissions parler ainsi tous les deux de ces questions. Si nous sommes là, vous et moi, c'est qu'avant nous des générations et des générations d'hommes et de femmes ont survécu au moins jusqu'à l'âge de se reproduire, dans une longue lignée du sang qui, au début, est le même.

Ces liens du sang, cet héritage, la continuité sont des thèmes récurrents dans votre écriture.

La continuité est réelle. Nous n'existons pas sans elle. Chacun d'entre nous se rattache à une lignée de gens qui sont passés à travers le Moyen Âge, ont vécu à l'âge des cavernes. Il n'y a pas de rupture... dans notre partie animale en tout cas. Mais le temps pour que les choses évoluent a varié considérablement. Certaines sont devenues nôtres au bout de cent mille ans. Une période incroyable s'est écoulée avant que nos ancêtres apprennent à tailler la pierre pour en faire une arme. Le fer de lance en forme de biseau est une arme considérablement évoluée par rapport aux armes précédentes. On a mis du temps avant d'en comprendre le concept. Par contre, à d'autres moments, on a développé la technologie beaucoup plus rapidement. Nous vivons maintenant une grande accélération technologique, qui va même jusqu'à mettre en péril les êtres existants. Aujourd'hui, on a la grande capacité de conserver ce que les autres avant nous ont pensé, ce qui constitue un avantage formidable. Autrefois, la transmission des connaissances prenait beaucoup de temps. Assieds-toi, je vais te raconter la vie de tel saint, t'enseigner tel concept... c'était long. Il y avait donc une limite à la capacité d'évoluer qui était fonction du temps d'apprentissage. Ces obstacles-là sont moins importants aujourd'hui. Mais nous avons toujours autant de difficultés à nous projeter dans le futur, à nous imaginer plus tard, autrement. C'est en partie compréhensible parce que ça ne fait pas si longtemps qu'on s'adonne à cet exercice, quelques générations tout au plus. Sérieusement, j'entends. Avant, on savait d'où on venait, c'est-à-dire du Créateur, on vivait et on attendait la fin, c'est-à-dire l'enfer ou le ciel. Le présent était une notion assez tarabiscotée. Un évêque anglican, dont j'oublie le nom, avait exécuté de savants calculs qui faisaient remonter la création de l'univers à six mille ans. Pour plusieurs générations de protestants, c'était ça, LA vérité. Il ne faut pas croire que toutes ces idées ont disparu. Aux États-Unis, beaucoup de gens — dont certains très importants —, considèrent la sainte Bible comme le journal de l'Humanité depuis la création du monde. Ce sont des idées très difficiles à déraciner si, dès l'enfance, on n'est pas initié à considérer la présence du futur dans le présent. Nous sommes tous très préoccupés par la conservation du passé, mais le futur n'est pas une grande force dans nos vies. On peut facilement le constater dans nos vies personnelles, mais il en est de même dans notre vie collective. Le futur est une abstraction, il n'a pas de réalité. Comme le passé dans une certaine mesure. Seul le présent a une réalité et elle est très éphémère. Ce que nous nous sommes dit au début de cet entretien est déjà de l'ordre du passé, a déjà pris une forme et contient des informations qui sont déjà en train de se transformer elles-mêmes.

Cela expliquerait-il en partie pourquoi, malgré les bonds prodigieux que subit notre environnement technologique, nos sociétés évoluent moins rapidement?

Oui. On dit encore que le soleil se lève alors que nous savons — le savons-nous vraiment? — que la terre tourne autour du soleil. Nous charrions toujours des images du concept de Dieu associées aux images des peintres dont le travail consistait à donner une consistance à un concept en créant une image, comme le font les photographes à la une des journaux, alors que toute l'évolution scientifique et celle de la pensée vont à l'encontre du concept d'un dieu créateur. Les sociétés humaines se transforment très lentement ou alors ne se transforment pas du tout.

Il y a quelques années, en décembre 1990, lorsque l'Académie canadienne du cinéma et de la télévision vous a remis son Grand Prix pour l'ensemble de votre œuvre télévisuelle, vous avez prononcé un long discours qui portait sur la responsabilité des créateurs, le sens et la valeur de la culture — les Américains bombardaient Bagdad, le berceau de la civilisation et de l'écriture — et mis en garde le public, environ deux millions de téléspectateurs, vos pairs et les décideurs contre les menaces qui pesaient déjà sur Radio-Canada.

Je pensais surtout à une mise en garde nécessaire contre les tendances naturelles de toute société prospère à tout percevoir à partir d'elle-même. On va jusqu'à oublier que la terre est ronde et toute petite, et que, si on marche assez longtemps et assez vite dans une direction, on va finir par se frapper dans le dos. Cette belle assurance des sociétés dynamiques peut être un trompe-l'œil qui nous fera déraper dans le décor. C'était aussi un avertissement contre une saturation de l'information, ou plutôt contre l'excès d'informations déconnectées de leur sens qui finissent par créer un brouillard à travers lequel on ne voit plus rien. On n'arrive plus à avoir une image claire et sereine de la réalité. En art en particulier, je crois qu'il faut mener l'énergie jusqu'au niveau de la production et y mettre le temps. On ne peut pas reproduire des œuvres qui ont connu du succès. La télévision, quant à elle, a des besoins pour subsister qui sont énormes. Il faudrait pour la nourrir créer de nouveaux univers toutes les semaines. Or, ça devient forcément répétitif, donc lassant. Maintenant que nous disposons d'une surcapacité de production technique et de diffusion, la production des contenus ne peut suivre la cadence. À cause de tout ça, je crois que nous allons assister à un désintérêt pour la télévision telle qu'on la connaît, de la part de la prochaine génération. Cela se fera dans des schèmes qui m'échappent, mais qui seront nécessaires pour que la société se crée de nouveaux repères. Si je n'arrive pas à concevoir ce que ça sera, c'est qu'il y a là beaucoup plus qu'un phénomène de génération. Ces enfants seront très différents de tous ceux qui les ont précédés dans l'histoire du monde. Je lisais quelque part que là où, de tout temps, l'enfant découvrait et construisait son univers à partir du sein de sa mère d'abord, de sa mère ensuite, puis de son père, et ainsi de suite... désormais, après le sein maternel et la mère autour, c'est le téléviseur qui a pris la place du père dans la construction de l'univers de l'enfant. Je ne suis ni psychologue, ni psychiatre, ni sociologue, mais, à mon avis, ça aura un impact.

Est-ce qu'on réfléchit à ces questions dans les milieux de la télévision?

Non. Faut admettre que ce sont des questions énormes qui dépassent le niveau d'intervention des créateurs. C'est un peu comme être au bord d'une rivière qui débouche sur la mer. On peut la traverser à gué. On peut connaître l'heure de la marée, en parler, mais lorsqu'elle monte, il n'y a plus rien à faire. Nous parlions beaucoup de nos responsabilités face au contenu au début de la télévision, car nous savions que nous allions projeter ces enfants dans un monde qui leur aurait été autrement inaccessible, les sortir de leur village pour les initier au village global. Aujourd'hui encore, la plupart des enfants ne sont en contact avec cet «autre monde» que par le contenu des émissions. Mais tous ces mandats possibles de la télévision ont été peu à peu mis de côté, occultés, relégués à des coins de grille et d'horaire marginaux. Si vous aimez ça, trouvez-les. Tout cet espace-là est maintenant occupé par le commerce, par les intérêts du commerce. L'«évolution» est telle qu'on ne peut plus faire une émission sans avoir son commanditaire. Ce que l'on voit du monde sur le petit écran est totalement tributaire de ses intérêts.

Il n'est donc pas exagéré de dire que, au sein des chaînes de télévision, privées ou publiques, ce sont les services commerciaux qui confectionnent les grilles de programmation?

La cote d'écoute actuellement, c'est «la» réalité. Ils ont développé des moyens très efficaces pour quantifier, codifier et sectoriser, ce qui fait qu'on élimine rapidement tout ce qui va à l'encontre du plus grand nombre.

Vous êtes très critique face à ce système et pourtant vous en êtes. Vous êtes un auteur à succès et une très bonne affaire pour votre diffuseur.

À Radio-Canada, il reste encore des moyens pour produire des émissions qui ne soient pas uniquement axées sur l'augmentation de la vente du beurre. Mais il y a de fortes pressions pour que ça disparaisse. Quand on coupe le financement de Radio-Canada, ce n'est pas juste dans l'intérêt des payeurs de taxes. Des gens ailleurs, à l'extérieur de la boîte, disent qu'ils feraient mieux avec cet argent-là. Les gens de Radio-Canada, traumatisés par les coupures, les mises à pied, se défendent très mal. Le public semble accepter de faux arguments masqués par un fard très mal appliqué. Je refuse de croire que le secteur privé peut, à tout coup, mieux faire que la télévision de service public. Je suis convaincu que le jour où ils seront seuls, ils deviendront aussi «incompétents» que la télé qu'ils dénigrent aujourd'hui. On a multiplié le nombre de canaux. A-t-on vraiment augmenté la quantité et la variété des programmes? Pas si sûr. En tout cas, il est certain qu'il est plus difficile que jamais de distinguer une chaîne de l'autre. C'est vous dire. Avec plus de concurrence, on diminue sinon la qualité, à tout le moins la créativité. Un propriétaire de station ne peut tolérer dans ses murs un groupe de créateurs, d'animaux bizarres aux caprices étranges qu'il faut laisser tranquilles parce qu'ils sont en train de «chercher». Non. On veut des gens soumis, qui produisent vite sans trop se poser de questions. Le phénomène a contaminé Radio-Canada. Un exemple futile mais pas anodin: regardez le nouveau système de sécurité mis en place à Radio-Canada, avec ses guérites automatiques, ses caméras, ses infrarouges, etc. On n'aurait pas songé une minute à le mettre en place dans les années soixante. Il y aurait eu une petite révolution. Aujourd'hui, rien!

Est-ce que les choses auraient été différentes pour vous si vos téléromans avaient été produits à l'extérieur de Radio-Canada?

Oui. Sur certains plans en tout cas. De façon générale, les artisans sont mieux payés à l'extérieur, surtout lorsque vient le temps de reconnaître la qualité. Mes comédiens ont toujours eu de la difficulté à faire admettre la valeur de leur travail. C'est comme s'il existait une prime à la baisse lorsqu'on fait de la qualité. On ne s'offusque pas qu'un joueur de baseball gagne cinq ou sept millions de dollars par année, mais un artiste... attention! C'est comme si on voulait le punir d'exercer une activité culturelle. Une certaine presse alimente ce genre de sentiment. Comme s'il s'agissait de gaspillage. On vit en ce moment une phase comme ça. Ce qui est irresponsable est dans notre intérêt, et ceux qui assument des responsabilités constituent de véritables dangers!

Heureusement, il y a toujours dans la société comme dans les grands organismes des gens qui résistent, qui ont des idées et qui vont plus loin que ce que le système autorise. Il y a donc toujours de la place pour la création. Mais idéalement, certains croient qu'on serait tellement mieux si on n'était plus obligé d'avoir des gens de talent... juste des ordinateurs. D'ailleurs, on y arrive presque. Nous avons une technologie extraordinairement développée, mais souvent vide de contenu. C'est attristant de voir que nous pouvons communiquer de l'information à différents niveaux avec une rapidité incroyable, et que si peu de choses passent. D'autant plus triste que nous avons fait un chemin énorme en peu de temps. Quand on repense au *Refus global*, qui a été rédigé dix ans avant la mort de Duplessis dans l'atmosphère raréfiée dont nous avons beaucoup parlé, il faut réaliser qu'après sa mort survient la Révolution tranquille. Ce qui veut dire que certaines des idées pour lesquelles nous nous battions avaient fait assez de chemin pour qu'un parti politique les endosse et recueille assez d'appui dans la population pour obtenir la majorité. C'était un sacré coup d'accélérateur, mais seulement pour les institutions. Si elles ont changé, c'est parce que les changements étaient amorcés dans la population. Lentement, mais bon, il faut comprendre qu'à cause de notre condition de francophones en Amérique du Nord, nous avions hérité de structures qui, pour les plus modernes, remontaient au XIXe siècle et pour les autres, au Moyen Âge. Notre Église et les pouvoirs qu'elle se donne, c'est du plus pur style Renaissance.

Si j'ai l'air d'insister, c'est que tout ça n'a pas complètement disparu. Je suis allé l'autre jour donner une entrevue à propos de Borduas à un journaliste intelligent, ouvert. Avant l'entrevue, je lui disais qu'à mon avis la raison pour laquelle les automatistes sont toujours occultés, c'est Dieu. Nous étions et nous sommes toujours tous athées. Dès qu'on met l'existence de Dieu... même pas en doute... simplement sur la table, on voit les yeux des gens se transformer en yeux de poisson mort. Ils ne veulent pas en entendre parler. Eh bien, ça n'a pas raté! Au moment de l'enregistrement, il a évité la question. Il n'est pas le seul. De plus, remarquez bien: on a réussi à ramener le *Refus global* uniquement à la peinture. Lorsqu'on parle des signataires, on mentionne les peintres. Bruno Cormier, l'un des signataires, était psychanalyste. Il a dû s'exiler pour le devenir. Un psychanalyste, c'est trop près de l'âme. On n'évoque jamais les danseuses du groupe et très peu les écrivains. On aime bien de temps en temps se voir comme des gens modernes. Quand on fait allusion à notre modernité, on ressort les automatistes. Mais uniquement les peintres, et seulement une partie de leur œuvre ou de leur pensée, comme c'est souvent le cas avec Borduas. Nous sommes coupables de mémoire sélective, incapables d'attacher les ficelles. On parcourt le monde, on montre toutes les atrocités, on fait état de découvertes extraordinaires et on se bute dans ses vieilles convictions. Depuis Galilée, tous les résultats des recherches scientifiques vont à l'encontre du concept de l'existence de Dieu, mais rien n'y fait. Souvenez-vous qu'il n'y a pas si longtemps, le pape a reconnu que Galilée n'avait pas erré. On peut le comprendre d'avoir réfléchi si longtemps à la question, puisque le fils de Dieu lui-même, une fois arrivé sur terre, n'a jamais abordé la question. Rien dans les textes qui lui sont attribués ne nous mène sur cette piste. Mais bon, c'est pas grave, on fait comme si de rien n'était et on réintègre Galilée dans le giron de la Grande Famille. Je ne sais pas, par contre, ce qu'on va faire dans le cas de Giordano Bruno. C'était un grand physicien, philosophe et théologien qui était de dix-huit ans de cadet de Galilée. Il était moine et défroqué. Dans son plan de l'univers, il disait qu'il était complètement absurde de prétendre que la terre est au centre de l'univers, qu'il y avait autant de centres de l'univers qu'il y avait d'étoiles, et que les étoiles étaient en réalité des soleils. L'Église n'a pas apprécié: on l'a brûlé parce qu'il a refusé de se démentir. Mais on ne parle pratiquement jamais de lui, contrairement à Galilée qui était une sorte de vedette chez nos jésuites, parce qu'il avait fini par admettre, sous pression, qu'il avait des «doutes». Quand j'étais jeune, Giordano Bruno était l'une de mes idoles. Je lui ai consacré un tableau en 1948. Ce tableau se retrouve, je crois, dans la collection de Maurice Dubois, l'ex-réalisateur et patron de Radio-Canada. Il a été exposé à l'occasion des Jeux olympiques de Montréal, en 1976.

Enfin, tout ça pour dire que les organisations religieuses arrogantes et bornées ne tiennent pas compte de l'univers qui croît sans cesse autour de nous. Elles font preuve de bien peu d'ouverture d'esprit, surtout quand on songe que la vie, telle que nous la connaissons, ne tient que dans une toute petite marge de quelques degrés Celsius, entre la glace et la vapeur. Ce monde en équilibre dans un perpétuel changement nous est désormais presque accessible. Les hommes ont atteint un tel niveau de développement qu'ils peuvent désormais intervenir dans cet univers. C'est fascinant. Je m'excuse auprès des amateurs de sport, mais c'est pas mal plus excitant qu'un match des Expos. Je n'ai rien contre le fait de s'appliquer à frapper une balle, mais lorsque notre petit monde se limite à ça en observant tout le reste avec suspicion, je ne suis plus d'accord. Les Américains ont atteint un niveau de développement scientifique extraordinaire en accueillant certains des plus grands esprits du monde, mais ils continuent de se comporter comme il y a trois siècles en se référant sans arrêt à la sainte Bible et à Dieu. Je trouve cette attitude confondante. Il y a un peu partout sur terre des problèmes de ce genre. Pensons aux dilemmes que vivent les grands scientifiques japonais qui arrivent à la conclusion que Dieu n'existe pas, dans une société où Il est omniprésent.

Il est possible que de graves problèmes sociaux et culturels se préparent à cause de l'écart qui existe entre la grande majorité de la population et une petite classe savante ou dirigeante. En ce moment, la classe dirigeante est celle des politiciens, mais bientôt ce sera celle des savants. Ils vont prendre la place des prêtres, car ils détiendront les clés de l'interprétation de l'univers et de son rôle. Ces changements se feront, entre autres choses, par le biais de la télévision. Une conversation comme celle que nous avons en ce moment aurait été impossible sans l'influence de la télévision. Chacun d'entre nous aujourd'hui a vu un certain nombre de choses qui existent dans l'univers. Comme on n'aborde pas avec assez d'honnêteté la question de l'existence de Dieu, il y a un malaise, un désarroi qui s'accompagne d'une certaine désaffection de la population pour les mythes religieux, d'où les risques de problèmes. Les grands pouvoirs économiques le savent bien, eux à qui a toujours profité la stabilité engendrée par les structures religieuses solides. Si l'on ne sait plus qui a créé le monde, où l'on va après la mort, une grande instabilité s'installe. Ce genre de climat ne favorise pas que des comportements révolutionnaires; chaque fois qu'une idée nouvelle est avancée, elle provoque des attitudes réactionnaires. Plus des idées à caractère scientifique vont s'opposer à des concepts de culture villageoise, plus le conservatisme va se montrer le bout du nez. L'exemple américain est plein d'enseignements: on apprend la physique et les dogmes religieux dans les mêmes classes, avec comme résultat une belle confusion. Comme l'écrit Carl Sagan, le grand danger, c'est que l'on bascule dans un monde hanté par les démons, parce qu'incapable de faire face à ces contradictions.

Le pinceau ou l'écran?

En faisant un relevé des expositions consacrées au travail de Pierre Gauvreau, j'ai remarqué quelques situations un peu étonnantes. Il est, par exemple, souvent présenté au Canada anglais, en particulier à Toronto, et assez peu souvent à Montréal. La Maison des arts de Laval a présenté, à l'automne 1994, une exposition fort intéressante d'œuvres inédites, la première du genre à être organisée dans la région montréalaise en huit ans. La seule exposition majeure qui eut lieu ensuite à Montréal (je dois exclure l'exposition de Trois-Rivières dans le cadre du Festival international de poésie, en 1996, et celle de Québec, en 1996-1997, au Domaine Cataraqui avec les œuvres de Roch Plante et de Saint-Denys Garneau, ces deux villes résistant toujours à toute tentative d'annexion par Montréal) fut celle qu'a organisée Janine Carreau au 55, rue Prince, à Montréal, en 1996, intitulée *Célébrer la vie.* Une véritable explosion de jeunesse, de couleurs, proposée par dix-neuf artistes connus ou inconnus, âgés de trois à soixante-treize ans.

Cette sous-représentation de ses œuvres, si elle dérange Gauvreau, ne lui sape pas son moral. Elle ne fait probablement rien cependant pour le rapprocher du monde muséal.

MICHEL DÉSAUTELS — *J'ai souvent senti au fil de nos conversations que vous preniez vos distances par rapport aux institutions de l'art, à ceux qui le conservent et l'analysent. Pourquoi?*

PIERRE GAUVREAU — Oui, parce que leur travail vient après la création dont il dépend et fait partie d'un processus de sacralisation du travail des artistes, ce qui me dérange. Ils ont une façon de s'approprier la création et de la réinterpréter qui me dérange. Un exemple anodin: un jour, une jeune femme, fille d'une amie, vient m'interviewer. En parlant du *Refus global*, elle en attribue la rédaction à mon frère, Claude Gauvreau. Je lui dis que c'est une opinion émise à un moment donné par un professeur de l'UQAM, mais qu'elle ne correspondait pas du tout à la réalité. Elle m'a regardé, éberluée, refusant de croire ce que je lui disais. C'est la dernière fois que j'ai accordé une entrevue sur la question. Je n'ai pas le pouvoir de collaborer à structurer la pensée de quelqu'un, c'est déjà tout cuit. Il est formé par des gens qui ont des diplômes et leurs noms sur des portes à l'université. Des gens qui parlent d'autorité et qui peuvent dire littéralement n'importe quoi, mais... ils détiennent la vérité. Mes tableaux se sont retrouvés dans des expositions, on a parlé de moi dans des livres sans jamais venir me voir pour vérifier si ce qu'on disait était exact. Je les perçois un peu comme des auteurs de scénarios qui ne veulent surtout pas que l'artiste donne son opinion. Leduc a eu son heure de gloire, Borduas a eu son heure de gloire, maintenant c'est Mousseau... un jour, ce sera mon tour, parce que, quand on est mort, ça devient inévitable. À ce moment-là, on peut plus facilement te piller, piller ta personnalité et dire: «Lorsqu'il disait ceci, ce qu'il "voulait" dire en réalité, c'était cela.» Je trouve cette situation très pénible.

J'ai assisté au vernissage de la rétrospective Mousseau au début de l'année, au Musée d'art contemporain de

Montréal, où l'on voyait pour la première fois des pièces qui représentaient l'ensemble de son œuvre (c'était une exposition remarquable). Une chose m'a frappé. Dans l'assistance se trouvait une autre signataire du *Refus global*, Françoise Sullivan. Bien des gens ont pris la parole pour nous parler de Mousseau, mais à nous qui l'avions longtemps «pratiqué», qui avions «couché» avec lui, on ne nous a rien demandé. J'étais d'autant plus étonné que ce genre d'exposition doit, il me semble, aussi jouer un rôle didactique. Eh bien, non! On ne nous a ni sollicités ni salués. C'est minable. Autrefois, nous étions écrasés par l'ombre de saint Thomas, mais les gens avaient de l'éducation. Aujourd'hui, non. On les voit, toujours les mêmes, regroupés en petits cercles fermés, selon qu'ils sont de la sphère muséale, de la critique écrite, de la télévision, etc.

Ce que vous décrivez là n'a pas dû vous encourager à entretenir des liens très étroits avec ce milieu.

J'ai toujours été dans une position très particulière. Parce que je gagnais ma vie à la télévision, je me suis trouvé du côté de l'enfer, et c'est encore comme ça aujourd'hui. Comment est-ce possible? Je me suis fait poser cette question par Mme Lise Bissonnette, une femme intelligente. «Comment avez-vous pu signer le *Refus global*, faire de la télévision et écrire *Le Temps d'une paix*?» Je ne me sens pas obligé d'expliquer ce genre de choses. D'abord parce que la télé n'est pas encore au niveau de développement de la peinture. Celle-ci a un langage, exprime des idées qui sont en constante évolution depuis la Renaissance. La télévision, ça a failli être quelque chose d'intéressant. Mais le problème du financement, le poids des magnats de la presse ont fait qu'elle est, pour l'instant, cantonnée dans des productions banales. Tout le monde accepte comme principe qu'une émission doit rejoindre le plus grand nombre de personnes possible; or, à ce moment-là, on se retrouve à parler du baseball et d'autres choses du même genre. Donc, pour revenir en arrière, il fut un temps où on ne parlait pas de nous parce que le *Refus global* n'était pas loin. Ou alors, lorsqu'on parlait de nous, dans *Le Devoir* par exemple, c'était pour inviter les gens à l'indulgence et à prier pour le salut de nos âmes. Moi, j'ai fait et je fais encore de la télé parce qu'il est important que nous nous y projetions nous-mêmes et non pas seulement à travers le regard des autres. Je croyais aussi qu'il était important d'y développer nos comédiens, nos artistes. Je continue de croire que, collectivement, c'est la réussite la plus importante des Canadiens français.

Qu'est-ce qui vous met le plus en colère? Le fait qu'on reproche au peintre Pierre Gauvreau de faire de la télévision ou le fait qu'on méprise la télévision?

C'est qu'on méprise la télé. Nos meilleurs talents, les gens les plus instruits ont toujours refusé d'y participer. Il y a des gens qui disent fièrement: «Moi, je n'ai jamais fait de télé.» Ils ont refusé de s'adresser à cette «masse informe» de personnes qu'on ne connaît pas. Pour moi, c'est d'une grande tristesse.

Je n'ai jamais senti depuis le début de nos conversations que vous faisiez une discrimination entre les différents moyens de communication. La peinture ne serait pas plus noble que la télé ou moins que l'écriture. Est-ce que le fait qu'on semble accorder moins d'importance à votre travail de peintre qu'à celui d'écrivain, par exemple, change quelque chose pour vous?

Je crois qu'on est tous victimes des classifications. On parle de LA peinture. LA peinture, ça n'existe pas. Il n'y a que des tableaux, et les peintres qui les ont faits. La peinture est un concept. Un concept permet d'échanger des informations. Mais rien n'a de réalité tant qu'il n'y a pas un tableau de peint. Est-ce qu'un tableau créé sur une toile avec des pigments ou une image transmise par voie électronique sur un écran de verre, c'est la même chose? Doit-on faire des différences? Y a-t-il un média plus noble qu'un autre? On traîne avec nous des catégories qui sont complètement dépassées. On continue de parler du travail de la pensée dans des termes classiques qui ne correspondent plus aux techniques existantes. Quant à moi, je ne fais pas de distinction entre ce que je peins, ce que j'écris et le grand jardin de fleurs que Janine et moi nous cultivons pour notre plaisir. Si on entre dans la réalité de ces choses-là, c'est toujours de l'expression. C'est de la même nature. On joue avec des formes, avec des couleurs, on leur donne un sens, on joue avec les sens.

Comme il n'existe pas de musées consacrés aux jardins et à la télévision, trouve-t-on dans ces disciplines un espace de liberté plus grand, parce qu'on n'est pas otage, comme en peinture, du type de salle dans lequel on sera exposé?

Oui. Mais il y a des différences essentielles dans la transmission du message. La peinture, c'est complet. Tout ce qu'on a voulu dire se trouve dans le rectangle de toile. Mais le rectangle ne bouge pas. Il faut aller le voir. Un tableau de Michel-Ange, on a beau en parler, faire des livres... il existe quelque part en Italie... et il faut y aller. La télévision, même si on ne veut pas la voir, elle nous rejoint. Ça change les relations entre les êtres humains et cet objet-là. Il y a de grandes différences, mais ce ne sont pas des différences de perfection. Un cheval attelé et une automobile sont deux moyens de transport. Les deux peuvent vous véhiculer. La télévision a la grande capacité de charrier l'image jusque dans votre chambre à coucher.

Les messages qu'elle véhicule ont un impact que les autres moyens de communication n'ont pas. Mais sa puissance est limitée, et nous arrivons près du point de saturation. Ma génération a, je crois, pratiquement épuisé la banque d'images que l'on pouvait transmettre. Nous sommes déjà entrés dans une époque de redites et nous faisons du surplace. Je crois que la prochaine génération va progressivement abandonner la télévision tant qu'elle ne se sera pas renouvelée. On aura écœuré nos enfants avec des images de plus en plus vides.

C'est drôle. Ça ressemble un peu à l'écœurement que vous avez ressenti devant la peinture héritée de siècles de tradition représentative, qu'il a fallu casser pour en inventer ou en découvrir une autre.

Oui, et ces ruptures se produisent de façon diffuse dans la société. On voit d'abord des pointes, une avant-garde qui perce l'écorce des conventions, qui fait pénétrer une idée dans la masse, et ça peut prendre cinquante ans avant que cette nouvelle notion rejoigne une majorité. Surtout dans nos sociétés démocratiques où, si vous n'appartenez pas à la majorité, vous n'avez pas de pouvoir. Ce genre de système implique aussi qu'on ne peut pas former de gouvernement qui puisse imposer ce qui n'est pas déjà accepté majoritairement. C'est pour ça que, dans un sens, subventionner les arts est un investissement à fonds perdu. Au Québec, on doit le faire parce que nous ne sommes pas assez nombreux. Les Américains, eux, ne le font pas. Il faudrait pouvoir soutenir une chose et son contraire. Or, comme nos ressources sont limitées, on est toujours en train de se demander ce qui est bon, ce qui vaut la peine. De comité en groupe d'évaluation, on cherche le premier, le gagnant. Vous écoutez les critiques d'art, la télévision, les sports, c'est le même langage, on cherche la même chose: c'est qui, le meilleur? Quand on l'a trouvé, tous les autres, qui sont absolument nécessaires pour que le meilleur soit, sont supprimés et n'existent plus. C'est un syndrome de «ti-cul», un complexe d'infériorité terrible. On ne veut pas savoir ce que c'est que d'être le deuxième ou le troisième. On veut le premier, et on lui donne tout. Remarquez une chose: tout le monde est d'accord pour que l'on subventionne la recherche scientifique. Après tout, on est moderne! Mais lorsque les vrais coûts de la recherche sont exprimés en dollars, on s'élève contre cette dépense. Sous-entendu, tout un chacun se dit: «Pourquoi pas à moi?» Je considère qu'on patauge, on tourne en rond. Nous sommes pris avec des gouvernements qui sont vulnérables. Nos politiciens n'aiment pas le ministère de la Culture; ils ne veulent pas non plus nommer des candidats vraiment cultivés, et qui s'y connaissent, à la direction de ce ministère. On craint de ne pas comprendre leurs choix. Donc, on se condamne à une certaine médiocrité. On contraint les artistes qui osent et qui cherchent vraiment à crever de faim toute leur vie. Mais cinquante ans plus tard, avec la reconnaissance de leur œuvre, on se paiera le sentiment qu'on a toujours été avec eux. Regardez bien, quand un artiste est mort, on dit que c'était un artiste québécois. Ce qui laisse entendre que les Québécois ont toujours été avec lui, qu'il y avait des queues interminables pour assister à ses expositions. Rien de moins vrai. Québécois, certes, parce qu'il a eu les deux pieds plantés dans le sol d'ici et qu'il y est parfois enterré, c'est tout. Je me souviens d'une conversation entre gens très bien, il y a quelques années, qui se demandaient le plus sérieusement du monde si Riopelle pouvait être considéré comme un Québécois et, s'il revenait un jour, si on l'accueillerait comme tel. C'était quoi son péché? D'être l'un des grands peintres du XXe siècle? C'est ahurissant. Si on apprend qu'un p'tit gars d'ici a été applaudi au théâtre à Paris, on est content. Mais s'il décide de s'y installer, de s'y développer, et qu'il connaît le succès, on va s'interroger à savoir s'il est vraiment des nôtres. Ce ne sont pas que des gens naïfs qui s'engagent dans ce genre de discussions. Peut-être que ceux qui montent, qui ont vingt, vingt-cinq ans ne penseront pas comme ça, mais ils ne sont pas encore en majorité... et pas encore au pouvoir.

Dans un autre ordre d'idée, que pensez-vous du fait que l'œuvre de votre frère Claude Gauvreau semble revenir dans l'actualité littéraire? On a recommencé à jouer son théâtre, on reparle de lui...

Ce n'est pas un hasard si les textes de Claude reparaissent. Janine Carreau et moi avons voulu respecter sa volonté de voir son œuvre publiée dans sa totalité. Il a voulu ne pas être connu que pour quelques poèmes ou une pièce, mais globalement. Nous avons résisté pendant dix ans aux sollicitations pressantes de Gaston Miron, notamment, qui voulait rééditer *Beauté baroque* en format de poche. Puis nous nous sommes rendu compte en 1988, quarantième anniversaire de la publication du *Refus global*, que les œuvres de Claude étaient introuvables en librairie. C'est à ce moment-là qu'une entente est intervenue avec les éditions de l'Hexagone, non seulement pour ce texte mais pour le reste de ses écrits: articles, correspondance, théâtre. L'entente prévoyait qu'on publierait un nouveau titre tous les six mois pour constituer une collection Claude Gauvreau. Ce processus est toujours en cours et contribue à son rayonnement. Ce qui est curieux, c'est que ce sont surtout des jeunes qui s'y intéressent et qui viennent nous en parler. Ils ont envie de prendre le risque de faire des lectures publiques, de remonter ses pièces. Surtout, pour beaucoup de gens, il est ainsi possible de connaître sa pensée à travers ses écrits sur l'art, ce qui est une merveilleuse façon de comprendre le Québec de ces années-là. De comprendre à quel point les choses ont évolué lentement. De voir que, après le *Refus global* de 1948, il se passe bien peu de choses ici, que le prochain gros événement est le festival de Spolète en 1962, où l'exposition des peintres canadiens présente des peintres non-figuratifs. Charles Delloye, qui était le délégué culturel du Québec à Paris, a, par la suite, été remercié de ses services, bien que l'exposition ait été bien accueillie. C'est dire que les choses vont doucement. Au Canada, ce n'est qu'à l'occasion de l'Exposition universelle de 1967 que nos tableaux sont ressortis. On s'est dit: «Nous sommes un pays moderne, que pouvons-nous montrer de moderne?» On a refait le même coup à l'occasion des Jeux olympiques de 1976. Les tâtonnements, les hésitations et les bonds subits que nous avons connus dans notre marche vers la modernité sont très bien illustrés dans la correspondance de Claude avec Jean-Claude Dussault au cours des années 1949 et 1950, qui a été éditée à l'Hexagone en 1993. C'est une bonne façon de vivre un peu ces années-là, dont la réalité nous échappe parce qu'elle est très difficile à saisir. C'est presque impossible, selon moi. Plus on s'éloigne dans le temps, plus ça devient complexe. Qui peut saisir aujourd'hui ce qu'a été la révolution russe de 1917? On n'en sait rien. Quelques dates, des noms, on s'attarde aux chefs. Mais la réalité telle qu'elle a été vécue dans cette société... Ce qu'on peut appréhender quelque peu, ce sont les effets de ces énergies en termes de symboles, de signes qui sont, eux, manipulables et que l'on peut confronter. Comme la très grande majorité des Russes ne savaient ni lire ni écrire, on ne sait pas ce qu'ils pensaient. C'est un peu la même chose chez nous. Il faudrait que ceux qui étaient en mesure de comprendre ce qui se passait aient écrit.

Est-ce un peu le sens de votre écriture télévisuelle: donner la parole à ceux qui ne l'ont pas eue?

Exactement. Je n'essaie pas de représenter des individus, mais, à travers des personnages fictifs, de rendre les préoccupations et la vision que les gens pouvaient avoir. Prenons la bombe atomique. D'un jour à l'autre, le monde a changé. Pourtant, en apparence, rien n'avait changé autour. Deux «petites» bombes à l'autre bout du monde et bang... on vient de changer de siècle. L'impact des événements, grands ou petits, sur nos vies, l'évolution qu'ils provoquent, sont des choses qui m'intéressent. Le temps comme la distance.

Dommage que l'écriture n'ait pas été plus pratiquée, elle pourrait être une source formidable d'inspiration.

Comme avoir accès aux échanges de lettres qui étaient plus fréquents qu'aujourd'hui. Lorsque nous recevions une lettre de Paris de Jean-Paul Riopelle nous racontant ce qu'il voyait, les réactions à sa peinture, etc., l'impact était grand. Mais il est vrai que peu de gens avaient le loisir de consacrer leur temps à l'écriture. Mon frère Claude est une exception. Grâce à ma mère qui lui avait promis de le nourrir et de le loger jusqu'à ce qu'il puisse vivre de son art — ce qui peut sembler un peu naïf de sa part, mais je crois qu'elle savait ce qu'elle faisait —, il a pu consacrer tout son temps à l'écriture. Et vivre en liberté, puisqu'il n'avait pas à craindre de perdre son emploi si ce qu'il écrivait dérangeait trop. C'était une sorte de boursier de je ne sais trop quel gouvernement.

Boursier de la «matrie»!

Oui. J'ai tiré des leçons de la situation de mon frère et j'ai tenté de les adapter à la mienne. Essayer de ne jamais dépendre de quelque structure que ce soit, de subventions, de programmes, pour mon travail de création. En ce sens, mon travail de réalisateur à la télévision m'a affranchi de toute contrainte dans ma peinture. Car les pressions économiques peuvent être terribles. Prenez le cas de Jean-Paul Riopelle. Lorsqu'il s'est marié, son père lui a donné un triplex, rue de Lorimier, qu'il s'est empressé de vendre pour aller vivre à Paris. Lorsque au bout de quatre ans, les choses se sont mises à exploser pour lui là-bas, il était rendu à la dernière bouchée de pain. Fernand Leduc venait d'une famille de la petite bourgeoisie, ce qui lui a permis de vivre non pas richement, mais avec assez de ressources pour vivre comme un artiste. Thérèse Renaud était la fille d'un médecin qui est mort assez jeune et qui a laissé assez d'argent pour qu'elle et ses sœurs ne soient pas obligées de travailler, bien qu'elles l'aient fait. Françoise Sullivan venait d'un milieu anglo-saxon très à l'aise. Marcel Barbeau avait été élevé par son oncle, un boucher de la rue Rachel, je crois. Le père de Maurice Perron était principal d'école. Jean-Paul Mousseau venait aussi d'un milieu pauvre. Marcelle Ferron, quant à elle, venait d'un milieu à l'aise de province. Bruno Cormier, comme je l'ai déjà dit, venait d'un milieu ouvrier, ce qui explique que dans sa famille on parlait beaucoup de syndicalisme et de la gauche. Bruno, même s'il a pris un chemin différent de la plupart d'entre nous, est le seul qui soit resté en contact avec tout le monde tout au long de sa vie. Il était le seul à pouvoir tous nous réunir chez lui. Ce qui s'est produit assez souvent. Il a été un lien important entre nous qui avions des personnalités souvent assez différentes.

C'est certain qu'à côté de l'exubérance de Jean-Paul Mousseau ou de Claude Gauvreau, par exemple, vous êtes un monstre de discrétion.

Disons surtout que je ne me suis jamais senti responsable de la culture des autres. J'ai tenté de faire mes choses, mes objets, et si des gens s'y intéressaient, voulaient les acquérir, tant mieux. Mais je ne suis pas un apôtre, et cela ne m'a jamais séduit. Je crois d'ailleurs que c'est le cas de presque tout le monde dans le groupe. Certains étaient plus militants, c'est tout. Mais jamais autant que d'autres qui militaient dans le monde du syndicalisme ou de la politique et qui, eux, croient qu'une grosse *gang* est nécessaire pour que les choses se passent. Je ne crois pas être très grégaire. J'ai toujours gardé mes distances. J'avais une grande admiration pour Mabille, un psychanalyste proche des surréalistes en France, et qui a écrit entre autres *Égrégore ou la Vie des civilisations.* Il y développe une théorie qui veut que l'ensemble des valeurs qui constituent une civilisation et qui tiennent des êtres humains ensemble autour d'un noyau qui est la culture, que cet ensemble donc, naisse, croisse, diminue et meure. Il a fait à partir de ce modèle une analyse de la civilisation chrétienne. Au début, il observe une partie empirique, où les choses n'ont pas encore été étudiées et rationalisées, qui permet à beaucoup de gens d'y adhérer. Au fur et à mesure que le groupe acquiert du pouvoir, la rationalisation se développe. Ceux qui ont du pouvoir en veulent davantage, ceux qui n'en ont pas en veulent, il y a une sorte de surchauffe du système, de frénésie. C'est l'apogée, que Mabille situe dans le cas du christianisme à saint Thomas d'Aquin. À compter de ce moment, le système est incapable d'absorber des idées nouvelles. Tout est trop gros, trop abstrait, éloigné du mythe créateur. Les gens commencent à se remettre en question, vont provoquer des dissensions qui deviennent des schismes. La chute survient jusqu'à la disparition complète. C'est pour montrer notre accord avec cette théorie et le moment de notre histoire que nous avons adopté l'*Égrégore* comme enveloppe désignée de notre mouvement.

Vous avez été très malade il y a deux ans. Est-ce que cette expérience, sûrement traumatisante, a changé quelque chose à votre peinture?

Sûrement. Je n'en ai pas fait l'analyse, mais sûrement. Les problèmes que j'ai eus ont à voir avec le cerveau. Beaucoup d'informations que j'avais ont disparu. Je ne retrouve plus, et je ne cours pas après. Ça a beaucoup allégé mes souvenirs. Donc, mon regard sur les choses est plus près du présent que du passé. Je trouve que j'ai acquis une liberté plus grande que celle que j'avais notamment en peinture. Puis l'automatisme, ce qu'on appelle l'automatisme, qui consiste à commencer un tableau sans savoir quelle en sera la fin et à éviter, dans la mesure du possible, d'intervenir rationnellement dans le choix des éléments, est un exercice que je pratique depuis bien longtemps. Ce qui peut paraître difficile à quelqu'un qui en fait pour la première fois, se débarrasser des acquis, ne me pose aucun problème. J'ai confiance. Je sais que moins j'interviendrai à partir de ce que je sais, plus il y a de chances que le tableau soit intéressant. C'est vrai en peinture, mais aussi ailleurs. J'ai subi comme une manière de nettoyage à sec.

Sentez-vous la même liberté accrue en écriture? Vous avez beaucoup écrit depuis deux ans pour Le Volcan tranquille *qui prendra l'antenne à l'automne 1997.*

Il y a une orientation qui est différente et qui, pour moi, est nouvelle. Mais ça peut ne pas être perceptible par le téléspectateur. Je sais, moi, que je n'ai pas les pieds à la même place et que cela me paraît nouveau. On verra. Certains diront peut-être: «Il radote, le bonhomme!» Mais ça n'a pas d'importance, si moi je perçois cette démarche comme étant inédite. Il y a beaucoup de gens autour de nous qui radotent et qui ont beaucoup de plaisir à le faire.

Le réflexe automatiste que vous avez développé en peinture ne peut pas s'exercer de la même manière en écriture. Le surmoi de l'écrivain doit jouer davantage.

Je dois avoir un répertoire de personnages qui soit suffisamment établi pour que j'en fasse le tour. Ils m'imposent une certaine discipline. Je ne peux pas faire faire n'importe quoi à n'importe qui. Mais lorsque je commence un texte, je ne sais pas ce qui va arriver. J'ai des habitudes de travail qui font que, si je les respecte, si je me respecte, à un moment donné, ça part. Les préalables sont déjà établis fortement. C'est une émission de télévision, pas un tableau. Ça se déroule dans le temps, pas seulement dans l'espace, je dispose des moyens d'un téléroman. Tout ça, je le sais. C'est mon cadre, dans lequel se trouvent les autres éléments: le nombre de comédiens, qui ils sont, la quantité de prestations sur lesquelles la production s'est entendue avec eux. Comme autant de pigments, de pinceaux et de brosses.

Est-ce que vous écrivez en «résonance» avec certains comédiens, selon ce qu'ils vous montrent de leurs moyens ou de la lecture qu'ils font de leur personnage?

Ça arrive. Certains aspects de leur personnalité qui n'ont jamais été exploités se révèlent, d'autant plus qu'on a la fâcheuse tendance de distribuer les rôles en fonction de ce que les comédiens ont déjà fait. Il y a, en ce moment, beaucoup de jeunes comédiens qu'on a peu vus à la télévision, mais qui ont beaucoup joué au théâtre. Le milieu est très riche en comédiens et en comédiennes. Ils ont bien davantage de moyens que ceux qu'on sollicite chez eux. En tant qu'auteur, je me sens merveilleusement bien servi actuellement. J'ai dans ma nouvelle série, *Le Volcan tranquille*, quelques personnages qui sont des gens à la limite... non pas de la folie, mais d'une très grande fragilité, qui demandent aux interprètes de jouer dans la marginalité, et qui me donnent de grandes satisfactions. J'aime aussi travailler avec des comédiens qui ont de l'expérience, qui vieillissent. Qui sont sur le point de changer d'emploi. Je trouve ça très excitant d'être témoin du passage qui va se produire. Si ça se passe bien, c'est très beau. Je suis extrêmement sensible à la réalité des comédiens. De façon générale, je les trouve extrêmement généreux. Ils ont beaucoup de mérite à travailler dans notre pays, comparativement à leurs collègues de Paris ou de New York. Par contre, il y a des avantages à faire le métier ici. Il règne dans le milieu une certaine paix, une certaine harmonie; ce n'est pas la jungle. On est à l'abri des guerres entre clans politiques. Quant à moi, je suis vraiment heureux de ma vie. La télévision y a fait son entrée au bon moment. Il y a encore de bonnes choses qui m'arrivent. Je n'ai pas de regrets. Je ne me sens pas poussé vers la retraite. Je sais que certains de mes collègues se disent: «Où est-ce qu'il s'en va, celui-là?» Mais... on n'est pas obligé de faire plaisir à tout le monde! Pour ce qui est de la télé, j'ai de bons appuis dans le public. Je rencontre sans arrêt des gens qui me parlent de mes histoires, de mes personnages. Ça me fait plaisir. Certains d'entre eux sont incrustés dans leur imaginaire de façon indélébile. Peut-être parce que ces personnages reflètent, ne serait-ce qu'en partie, ce que les gens sont vraiment. Pour moi, c'est une grande récompense. Je n'ai jamais travaillé pour des millions de téléspectateurs, mais pour chaque téléspectateur en particulier. Si, à la fin, ils s'additionnent et que ça donne deux millions de personnes, tant mieux, mes producteurs seront contents, eux aussi. Mais si le nombre de ceux qui ont compris ce que je fais est moins grand, peu importe.

La vie… et après?

Nos rencontres se poursuivent à un bon rythme, une fois ou deux par semaine, toujours le matin, à raison de deux ou trois heures par séance. On ne voit pas le temps passer, même si, par moments, les efforts de concentration nécessaires pour remettre les choses et les événements à leur place fatiguent quelque peu Gauvreau. Il faut dire qu'une maladie cérébrale, il y a quelques années, a quelque peu altéré sa mémoire. C'est pourquoi Janine Carreau, sa compagne, assiste discrètement à la plupart de nos rencontres, corrigeant une date, précisant une information, ajoutant un nom à ce que me dit Gauvreau. Mais pour le reste, l'esprit est brillant, clair, le jugement tranché, la repartie vive.

Ce matin, nous allons abandonner les dates, les chronologies, les allers-retours dans les vies de Pierre Gauvreau. Pour ce qui sera la conclusion de ces entretiens, j'ai envie de l'entendre sur quelques questions fondamentales que nous avons déjà effleurées.

MICHEL DÉSAUTELS — *Nous avons beaucoup parlé depuis le début de ces rencontres du rôle de l'Église dans le Québec des années trente, quarante et cinquante, des valeurs conservatrices qu'elle entretenait, mais vous n'avez qu'effleuré les questions relatives à la croyance, à la foi.*

PIERRE GAUVREAU — Je suis non-croyant, mon frère l'était, beaucoup de monde l'était aussi. Le problème, c'est que, dans notre société, il est rare qu'on ait le courage d'afficher ce que l'on est. S'il s'agit d'un tout petit groupe, ce qui était notre cas, les pressions du reste de la société sont d'autant plus fortes. Surtout de la part de gens qui ne comprennent pas ce qui se passe. Ils sont là avec leurs regards vides à vous demander: «C'est quoi au juste votre affaire?» Comme ils ne saisissent pas les enjeux, ils ne se mouillent pas. Heureusement la guerre a créé un gros tourbillon, et les valeurs ont changé. On s'est mis à parler de démocratie, une chose dont on ne discutait jamais. On causait surtout d'autorité, des hommes qui en étaient investis, des textes sacrés, des Évangiles. Nos bons gouvernants conversaient pratiquement directement avec Dieu. Alors imaginez un peu, parler d'athéisme! Pourtant, ailleurs il y avait énormément de gens importants qui étaient athées. C'est comme les juifs. On a toujours d'eux une image de gens très conservateurs avec leurs grandes barbes. En fait, les juifs progressistes ont joué un rôle de premier plan dans tous les mouvements d'avant-garde de ce siècle, dans tous les domaines: les arts, les sciences, les idées.

Une chose me frappe, et ce n'est pas la première fois depuis que nous avons amorcé ces entretiens: vous sentiez que c'était la fin d'un monde, que le suivant n'arriverait pas avant qu'on ait fait table rase du vieux système, ce qui risquait d'être long; malgré tout ça, vous résistiez à la tentation de tout voir en noir, vous arriviez quand même à être plus optimiste que pessimiste...

Il y a eu des victimes de ce système-là. De jeunes étudiants se sont suicidés. De jeunes artistes, des poètes ont vu leurs vies brisées. Lorsqu'ils ne se donnaient pas la mort, beaucoup sombraient dans l'alcool. Ce qui est une autre façon de se tuer. Les gens buvaient à cette époque d'une façon incroyable.

Qu'est-ce qui a fait que vous n'avez pas pris cette voie-là?

C'est probablement une question de milieu familial. Mon frère et moi vivions dans une famille d'esprit libéral où l'on n'a pas écrasé nos idées dès le début, comme ça se faisait beaucoup. Je voyais dans mon quartier du carré Saint-Louis des gens brillants qui se soûlaient tous les soirs en récitant Rimbaud et Mallarmé. C'était une société malade. En ce qui me concerne, je crois que l'armée a aussi joué un rôle positif. Elle a le don d'aligner les hommes d'où qu'ils viennent et qui qu'ils soient, de les mettre côte à côte malgré leurs différences et d'en faire des frères. L'un peut être juif, l'autre noir, ça n'a aucune importance. Les combattants sont des frères, ils ont des choses en commun. Leur vie ne leur appartient pas nécessairement. Ça crée une fraternité. On le constate moins maintenant puisque ceux qui ont fait la guerre sont tous en train de mourir. Pendant longtemps, le fait d'y avoir participé ouvrait plein de portes chez les autres. Mais l'évocation de ces temps est très dure, et la plupart des gens ne veulent pas en entendre parler. Pour toutes sortes de raisons qui leur sont personnelles, ils n'en discutent pas. Étonnamment, seuls des films français ou américains évoquent cette période. Nous, on est comme vierges de tout ça. C'est comme si on n'avait mené qu'une lutte: celle contre la conscription. Du coup, on élimine quelques cent soixante-quinze mille Canadiens, je crois, qui ont été dans les forces actives.

Même si l'action politique ne vous a jamais intéressé, l'artiste, le peintre comme l'écrivain, vit dans une société qui est politique. Comment la percevez-vous aujourd'hui?

Les choses ont changé dans la mesure où les gens se sont octroyé un peu plus de liberté. Mais rien n'est jamais acquis. À preuve, en Amérique du Nord, notamment, on voit monter toutes sortes de mouvements d'extrême droite. Une nouvelle moralité émerge, ce qui n'est pas étonnant, puisqu'on refuse de voir la réalité. On se crée une nouvelle foi. Parce qu'il y a trop de politique négative autour des Églises officielles, tout un chacun tente d'en démarrer une autre. J'ai l'air d'ironiser, mais c'est ce que je comprends.

Est-ce que la place que l'on fait aujourd'hui aux artistes, avec davantage de pluralisme, vous satisfait?

Les artistes ont maintenant un statut dans la société qu'ils n'avaient pas autrefois. Ce qui est bien. Il y a des reliquats de l'autorité religieuse qui, dans son ensemble, s'est effritée. D'autres ont pris sa place: les syndicats, certains écrivains, les intellectuels. Ils se partagent des bouts d'autorité morale. Mais leur travail est plus difficile, parce qu'il est plus complexe d'avoir des débats ouverts qu'un débat fermé. La société est donc beaucoup plus riche qu'elle ne l'était. Puis il y a aussi des transformations technologiques. Elles ont déjà un impact considérable, mais je crois que, dans vingt-cinq ans, elles auront transformé non seulement les sociétés, mais aussi les mentalités.

Croyez-vous qu'il y a encore aujourd'hui un «art officiel» qui serait bien vu, qui aurait ses lettres de noblesse, un peu comme dans l'enseignement que vous avez reçu à l'École des beaux-arts?

Il y a encore dans l'enseignement des éléments qui nous ramènent en 1900. Mais tout le monde n'est pas comme ça. Il y a énormément de jeunes qui font de la peinture et qui œuvrent dans toutes les autres techniques. Je ne les connais pas beaucoup, mais je vois là une évolution. Je dis évolution parce que, pendant des siècles, la peinture a servi à illustrer des points de vue politiques, des dogmes religieux. L'artiste faisait un travail de représentation à l'intention de gens qui ne savaient pas lire. On faisait voir les grandes victoires, les douze apôtres... Cela absorbait beaucoup d'argent, de main-d'œuvre. Imaginez un peu tout le travail de développement de l'Église jusqu'à la Renaissance et même après. Puis, on avait de grands besoins de communication. Mais au siècle dernier, quand la photographie s'est révélée plus compétente pour faire ce genre d'ouvrage, certains ont pris la peinture et se sont mis à explorer d'autres avenues. Je veux dire d'autres avenues dans plusieurs sens, car ils se sont mis en situation de rupture. Parce que, au fond, il n'y a que deux systèmes: ou bien il existe un «plan» dessiné par un «maître» qui est «là, quelque part», et on tente de s'y conformer pour ensuite aller rejoindre ceux qui sont déjà dans «l'autre monde», ou bien tu es agnostique et tu te dis qu'on n'a pas assez de connaissances pour savoir d'où vient le monde ni où il va. Mais on peut constater que ça bouge, qu'il y a une dynamique interne à notre univers, que les espèces mutent, que les planètes durcissent ou fondent, enfin bref, qu'on avance sans trop savoir vers quoi. Il faut en tenir compte si on veut avoir une société et un discours cohérents. Ce qui est effarant, c'est de constater que les gens croient que la société dans laquelle on vit et ses valeurs vont durer toujours.

En parlant avec des gens qui ont mon âge, qui peignent ou qui sont proches du milieu de la peinture, j'ai parfois remarqué que la force de l'automatisme et son influence sur notre art ont été telles qu'elles ont eu une sorte d'effet paralysant sur les générations d'artistes qui ont suivi, un peu comme s'il leur semblait difficile d'être «à la hauteur»?

C'est bien possible, mais je ne l'ai pas vraiment perçu comme ça. Nous nous étions fait à l'idée que nous ne serions que quelques-uns. D'autres ont suivi et il est bien certain que l'impact de nos prises de position, de notre création, a généré d'autres énergies. Mais ça n'est jamais facile. C'était dur pour nous d'arriver alors que Picasso était là. S'amener derrière l'esthétique surréaliste, c'était exigeant. Partant d'un Miró, tu te dis: «Qu'est-ce que je vais faire?» À chaque génération, on est confronté à ce problème.

La question se pose pour chaque peintre. On appartient à sa génération, mais on peint pour soi, ce ne sont pas les autres qui le font à notre place.

Bien sûr! La peinture, même si on fait partie d'un groupe, on la fait seul. Puis il y a le phénomène des cadets. Ils débarquent, trop jeunes pour être considérés comme faisant partie de ceux qui ont changé des choses, et souvent impressionnés. Ils ont un problème d'identité. Mais il y en a un bien plus grave. Prenez la question du nationalisme. Il faut vraiment le faire exprès pour faire du nationalisme en peinture! Moi, je fais un tableau, je l'envoie à Tokyo, et tous les Japonais sont capables de lire mon tableau. On voit dans les groupes de peintres, dans les écoles, où que ce soit dans le monde, à quel point les étrangers sont importants. Par exemple, Paris: dans le domaine de la peinture, enlevons tout ce qui n'est pas français. Il ne resterait pas grand-chose! En peinture, pas question de passeport, contrairement à ce qui se passe en littérature. Dès la Renaissance, les grands peintres sont partout, un mois en Allemagne, un été en Italie, un séjour en Angleterre... Après coup, les historiens et les élites nationales vont les récupérer en leur accolant une étiquette nationale, mais ce n'est pas ainsi qu'ils vivaient leur art. Ça fait donc très longtemps que les peintres côtoient leurs confrères, et les œuvres de leurs confrères qui ne sont pas leurs voisins. Ça donne une attitude différente quand on aborde le monde de la politique.

Moi, mon pays, c'est la peinture. La peinture n'a pas de passeport. Elle voyage, les idées avec elle. Pendant un temps, une idée va germer dans telle ville, grandir, se raffiner, se reproduire au point de se plagier elle-même, puis elle sera reprise ailleurs par d'autres peintres qui la modifieront, la dénatureront pour accoucher de quelque chose de totalement original. C'est un peu son mode de croissance. Il faut que, dans la société, il y ait une certaine dose de liberté et beaucoup de points d'interrogation. Si vous ne vous posez pas de questions sur votre société et votre environnement, pas de problème, un jour vous mourez, on vous enterre, on met une croix sur votre tombe ou autre chose, et puis c'est fini.

Repères biographiques

Le peintre: expositions

1941	*Dessins et peintures*, exposés dans le hall du Gesù, Montréal.
1943	*Les Sagittaires*, Dominion Gallery, Montréal.
1943-1944	*La Société d'art contemporain*, Dominion Gallery, Montréal.
1944	*Colloque-exposition* au collège Saint-Thomas, à Valleyfield (Québec). *Jeunes peintres*, organisée par le journal *Quartier latin* à l'Université de Montréal.
1945	*Twenty Canadian Artists*, à la Eaton's Fine Arts Gallery, Toronto.
1946	*La Société d'art contemporain*, Dominion Gallery, Montréal. *Borduas' Group*, Boas Studio, New York. *Borduas, Leduc, Mousseau, Barbeau, Riopelle, Fauteux, Gauvreau*, au 1257, rue Amherst, Montréal. Cette exposition a été considérée par la suite comme la première du groupe dit «automatiste».

1947 *Borduas, Leduc, Gauvreau, Mousseau, Barbeau, Fauteux*, au 75, rue Sherbrooke Ouest, Montréal, dans l'appartement de la famille Gauvreau.
Salon du printemps, Art Association of Montreal.
Décors de la pièce *Bien-être* de Claude Gauvreau.
Festival mondial de la jeunesse, à Prague.
Pierre Gauvreau – 33 tableaux, au 75, rue Sherbrooke Ouest, Montréal.
La Société d'art contemporain, Art Association of Montreal.

1948 *Salon du printemps*, Art Association of Montreal.
Lithographie et couverture de l'ouvrage *Le Vierge incendié* de Paul-Marie Lapointe.

1950 *Pierre Gauvreau, œuvres récentes*, au 75, rue Sherbrooke Ouest, Montréal.

1951 Deux expositions sous le titre général *Les Étapes du vivant: Rixes*, à la galerie Marcel Évrard, à Lille, et *Contre-espaces* à la galerie Springer, à Berlin, et à la galerie Cavo, à Bruxelles.

1952 *Paintings by Borduas and a Group of Younger Montreal Artists*, Art Association of Montreal.

1953 *Salon du printemps*, Art Association of Montreal.
Gauvreau – Recent Works, collège McDonald de l'Université McGill, Montréal.
Gauvreau – 15 Paintings, YMCA, Montréal.
Pierre Gauvreau, Foyer de l'art du livre, Ottawa.

1954 Exposition collective au café L'Échouerie.
Exposition collective, à la galerie Tranquille, Montréal.
La matière chante, galerie Antoine, Montréal.

1955 *Espace 55*, Art Association of Montreal.
First Biennal of Canadian Painting, Galerie nationale du Canada, Ottawa.

1956 *Première exposition*, à l'occasion de la fondation de l'Association des artistes non-figuratifs de Montréal. Pierre Gauvreau est membre du comité provisoire. Restaurant Hélène-de-Champlain, Montréal.
Western Canada Art Circuit, exposition itinérante.
Arts of Quebec – Arts du Québec, Art Association of Montreal.

1961-1962 *Œuvres récentes*, galerie Denyse Delrue, Montréal.

1962 *Nouvelles œuvres récentes*, galerie Denyse Delrue, Montréal.
La Peinture canadienne moderne, Festival des deux mondes, Spoleto (Italie).

1967 *Panorama de la peinture au Québec, 1940-1966*, Musée d'art contemporain de Montréal.
Ontario Centennial Art Program, exposition itinérante organisée par le Conseil des Arts de l'Ontario.

1971-1972 *Borduas et les automatistes*, galeries nationales du Grand Palais, à Paris, et du Musée d'art contemporain de Montréal.

1976	*Trois générations d'art québécois*, Musée d'art contemporain de Montréal. *De la peinture figurative à la peinture non-figurative dans l'art québécois*, exposition itinérante du Musée d'art contemporain de Montréal.
1977	*Les Automatistes de 46*, galerie Le patrimoine à Chloé, Montréal. *Trente tableaux*, à l'atelier de l'artiste.
1978	*Trente tableaux*, galerie Gilles Corbeil, Montréal. *Modern Painting in Canada: The Collective Unconscious*, Edmonton Art Gallery. *Tendances actuelles*, Musée d'art contemporain de Montréal. *Trentenaire de Refus global*, Musée d'art contemporain de Montréal. *Œuvres québécoises de la collection du Musée d'art contemporain 1940-1960*, Musée d'art contemporain de Montréal.
1979	*Frontiers of our Dreams: Quebec Paintings in the 1940's and the 1950's*, Winnipeg Art gallery. *Œuvres de Pierre Gauvreau* (cinquante-cinq tableaux), Musée d'art contemporain de Montréal. *Pierre Gauvreau*, Dredsnere Gallery, Toronto. *Collector's Choice*, Art Gallery of Windsor (Ontario).
1980	*Dessins et surréalisme au Québec*, collection itinérante du Musée d'art contemporain de Montréal.

Le fond du garde-robe, 1950,
huile sur toile, 87,5 cm X 66 cm.

Le diable fait des crêpes à sa femme, 1979,
acrylique sur toile, 183 cm X 122 cm.

Entrée du pubis cobalt, 1978,
acrylique sur toile, 75 cm X 101 cm.

Compartiment non-fumeurs, 1981,
acrylique sur toile, 91 cm X 183 cm.

The Night of the Racoon, 1983,
acrylique sur toile, 147 cm X 122 cm.

Saving Nickels and familiar Sunsets, 1982,
acrylique sur toile, 122 cm X 122 cm.

La Bonne Direction, 1991,
acrylique sur toile, 122 cm X 157 cm.

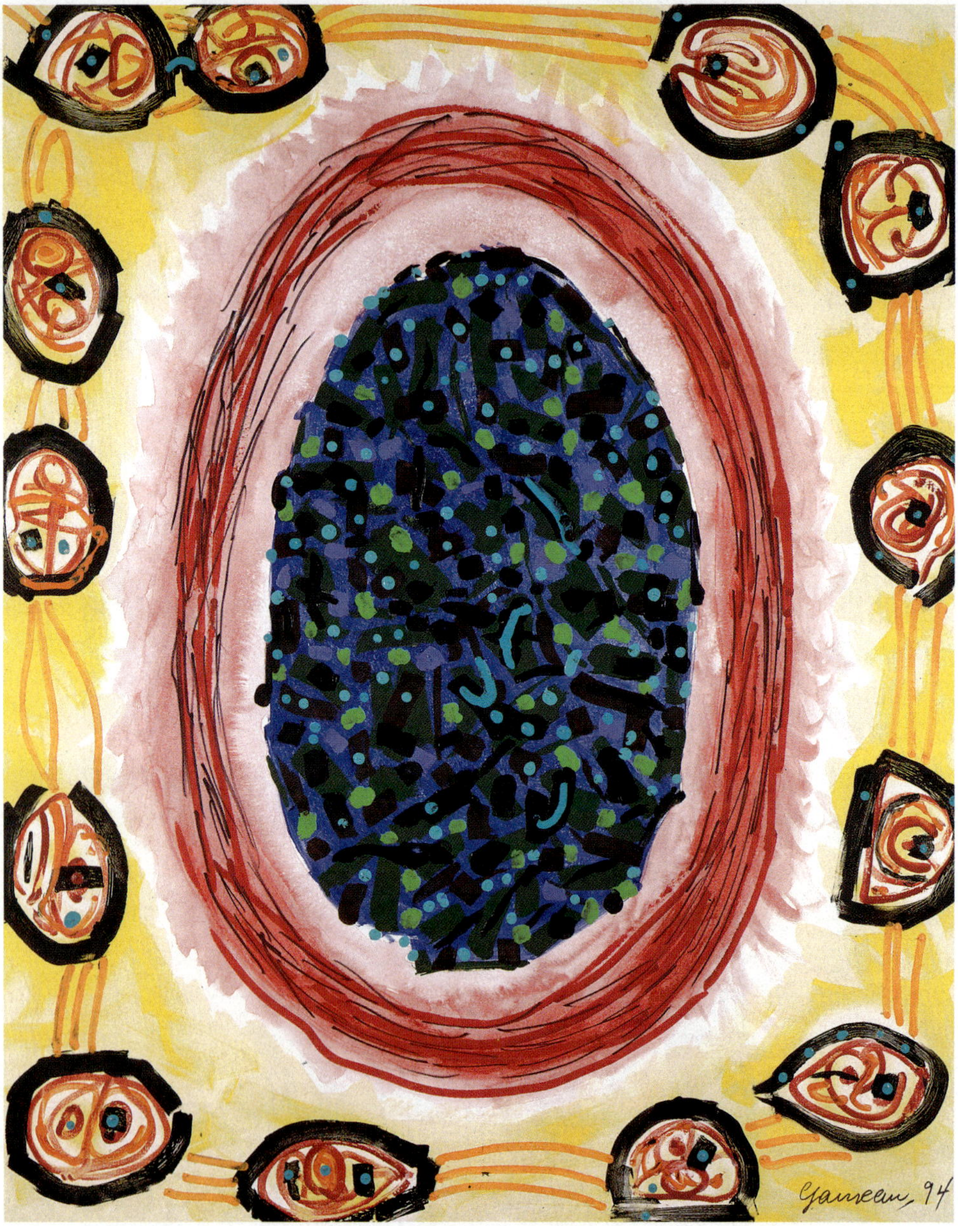

Treize à table, 1994,
acrylique sur toile, 152 cm X 122 cm.

Le Talk-show du Père Ubu, 1993,
acrylique sur toile, 244 cm X 137 cm.

L'Invitation irrésistible du cardiologue, 1994,
acrylique sur toile, 75 cm X 122 cm.

Pierre Gauvreau et Janine Carreau, *Cadavre exquis*, 1997,
acrylique sur cartons, 42 cm X 42 cm.

Contemporary Art Society, Montreal 1939-1948, exposition itinérante de la Edmonton Art Gallery.
Colloque national de l'Association des réalisateurs de télévision du Canada, Maison de Radio-Canada, Montréal.
Grands formats, exposition organisée par la SAAVQ au cégep Maisonneuve, à Montréal.
Art for All, Art Gallery of Windsor (Ontario).
Quebec Painters, organisée par Shell-Calgary (Alberta).
La Révolution automatiste, exposition itinérante du Musée d'art contemporain de Montréal.

1981 *Pierre Gauvreau: The First Decade 1944-1954*, Agnes Etherington Center, Kingston (Ontario), et le Musée du Québec, Québec.
Œuvres récentes, galerie Dredsnere, Toronto.
Œuvres récentes, galerie Gilles Corbeil, Montréal.
Quelques tableaux, galerie d'art de Sainte-Adèle (Québec).
Pierre Gauvreau... maintenant, galerie Lacerte-Guimond, Québec.
Vie des arts, un quart de siècle, Galerie de l'UQAM, Montréal.

1982 *Œuvres récentes – 82*, galerie Treize, Montréal.
Canada Art Bank Exibition, IGA Gallery, Toronto.
Morrice to Borduas: Painting in Montreal from 1900 to 1950, exposition itinérante de la Edmonton Art Gallery et de Shell Resources-Calgary.
Les Esthétiques modernes au Québec de 1916 à 1946, exposition itinérante de la Galerie nationale du Canada.

1983 *L'Association des artistes non-figuratifs de Montréal, 1956-1962*, exposition itinérante montée par Sir George Williams Galleries.
De Dürer à Saxe, Musée des beaux-arts de Montréal.
Le Musée du Québec: 50 ans d'acquisitions, Québec.
9 x 9: Nine Monumental Paintings by Nine Artists, Dredsnere Gallery, Toronto.
Chefs-d'œuvre d'hier et d'aujourd'hui, Michel Tétrault art contemporain, Montréal.

1984 *La Collection prêts d'œuvres d'art 1983*, Musée du Québec, Québec.
Pierre Gauvreau: Paintings and Works on Paper, Dredsnere Gallery, Toronto.
Chefs-d'œuvre des collections privées de la ville de Québec, palais de justice, Québec.

1985 *La Collection d'œuvres d'art du Musée d'art du Québec* et *L'Art du Québec au XXe siècle*, Musée du Québec, Québec.
Les Vingt Ans du Musée à travers sa collection, Musée d'art contemporain de Montréal.
Pierre Gauvreau, galerie Joyce Goldman, Montréal.
L'Art abstrait, 75 ans après, galerie Frédéric Palardy, Saint-Lambert (Québec).
La Peinture à Montréal, un second regard, Memorial University Art Gallery, St. John's (Terre-Neuve).
Post War Canadian Art Exhibited in Swiss Museum, Swiss Bank Corporation, Toronto.

1986 *Les Automatistes – hier à aujourd'hui*, Dredsnere Gallery, Toronto.

Salon des galeries d'art – choix des collectionneurs, Vieux-Port de Montréal.
Cinq ans, ça se fête!, galerie Lacerte-Guimond, Québec.
Peinture abstraite des années 60, galerie Lacerte-Guimond, Québec.

1987 *Collection prêts d'œuvres d'art 1986*, Musée du Québec, Québec.
Les écrivains s'illustrent, galerie Aubes 3935, Montréal.
Pierre Gauvreau, Maison de Radio-Canada, Montréal.
Inauguration de la nouvelle galerie Madeleine Lacerte, Québec.
Accents de la collection Lavallin, Galerie des arts Lavallin, Montréal.

1988 *Historical Selections*, Esso Resources' Canadian Art Collection, Calgary (Alberta).
Les Automatistes, Boutique du Musée des beaux-arts de Montréal.
La Peinture québécoise en mutation: années 45-55, IIIe Festival national de poésie, Trois-Rivières (Québec).
Borduas et ses contemporains, galerie Waddington-Gorce, Montréal.
Refus global et ses environs, Bibliothèque nationale du Québec, Montréal.
Nouvelles acquisitions, Musée d'art contemporain de Montréal.
Célébrations, inauguration du Musée des beaux-arts du Canada, Ottawa.
Entrée libre à l'art contemporain, Galerie des arts Lavallin, Montréal.

1989	*25 dessins, 25 artistes*, galerie Arts Sutton, Sutton (Québec). *L'Avant-garde canadienne des années 50 et 60*, galerie Bernard Desroches, Montréal. *Une histoire de collections: dons 1984-1989*, Musée d'art contemporain de Montréal.
1990	*Les Automatistes – Montreal Paintings of the 40's and 50's*, Dabrinsky Gallery, Toronto.
1991	*La Collection de dessins et d'estampes: quatre-vingts œuvres choisies*, Musée du Québec, Québec. *Bellefleur, Barbeau, Borduas, Ferron, Gauvreau, Mousseau, Riopelle*, galerie Michel-Ange, Montréal.
1992	*New Perspectives on Canadian Contemporary Art: Barbeau, Besner, Gauvreau, Lemoyne, Molinari, Palumbo*, Espace-Prin, Montréal. *Montréal 1942-1992 – L'anarchie resplendissante de la peinture*, Galerie de l'UQAM, Montréal. *Ainsi va la ville*, organisée par le Musée de la civilisation de Québec et présentée au marché Bonsecours, à Montréal. *Nouveau parcours de l'art canadien 1790-1960*, Musée des beaux-arts de Montréal. *Tableau inaugural*, exposition d'ouverture du nouveau Musée d'art contemporain de Montréal.
1992-1993	*La Crise de l'abstraction au Canada – les années 50*, exposition itinérante du Musée des beaux-arts du Canada.
1992-1994	*Achieving the Modern – Canadian Abstract Painting and Design in the 1950's*, exposition itinérante de la Winnipeg Art Gallery.

1993 *Moments choisis*, collection de la Banque nationale du Canada, Galerie de l'UQAM, Montréal.

1994 *La Collection Lavallin*, Musée d'art contemporain de Montréal.
L'Abstraction à Montréal, 1950-1970, galerie Simon Blais, Montréal, et Festival de peinture de Mascouche.
Pierre Gauvreau, œuvres inédites, Maison des arts de Laval, Laval (Québec).
Cadavres exquis, galerie Arts Sutton, Sutton (Québec).

1994-1996 *Prélude à l'automatisme*, exposition itinérante du Musée des beaux-arts du Canada.

1995 *Pierre Gauvreau*, galerie Arts Sutton, Sutton (Québec).
Œuvres choisies de la collection Janine Carreau et Pierre Gauvreau, galerie d'art Le goéland, Rivière-du-loup (Québec).
Pierre Gauvreau reçoit le prix Louis-Philippe-Hébert pour l'ensemble de son œuvre peint.

1995-1996 *Abstractions faites*, Musée du Bas-Saint-Laurent (Québec).

1995-1997 *Jamais plus comme avant! Le Québec de 1945 à 1960*, Musée de la civilisation de Québec.

1996 *Célébrer la vie*, organisée par Janine Carreau, au 55, rue Prince, Montréal.
Œuvres récentes de Pierre Gauvreau, Festival international de poésie de Trois-Rivières.
Un tableau de Pierre Gauvreau est reproduit sur un carré de soie. C'est le deuxième de la collection Beaux-Arts du Musée du Québec.

1996-1997 *Arts et lettres*, regroupant les œuvres de Pierre Gauvreau, Roch Plante et Saint-Denys Garneau, Domaine Cataraqui, Sillery (Québec).
Téléromans, exposition au Musée de la civilisation de Québec.

1997 *Œuvres de la collection de la Banque nationale*, Domaine Cataraqui, Québec.
Saint-Hilaire et les automatistes, Musée d'art du mont Saint-Hilaire.

Le réalisateur et l'écrivain: radio, télévision, cinéma

1949 À la suite d'une audition, Pierre Gauvreau obtient un poste d'annonceur à la station radiophonique CHLP, à Montréal.

1952 Passe à la station de radio montréalaise CKVL, où il remplit les mêmes fonctions.

1953 Entre à la toute nouvelle station de télévision de Radio-Canada, à Montréal, à titre d'animateur d'émissions pour enfants.
À la même époque, il anime pendant un moment la chronique du cinéma à l'émission *La Revue des arts et des lettres* réalisée par Roger Rolland.

1953-1954 Animateur-scénariste d'une série de 20 films de quinze minutes réalisés aux quatre coins du Canada. *Sur le vif* est la première production de l'Office national du film (ONF) destinée à la télévision. Réalisation: Gilles Laroche.
Scénariste d'une série sur l'art, *Le Musée imaginaire*, animée par Guy Viau et réalisée par Louis-Philippe Beaudoin. Production: Radio-Canada.

	Illustre une série humoristique, *Mot à mot*, réalisée par Pierre Mercure sur des textes de Carl Dubuc. Production: Radio-Canada. Animateur d'un ciné-club de courts métrages pour les adolescents, *Le Club des seize*, réalisé par Jean-Paul Ladouceur. Production: Radio-Canada.
1955	Devient réalisateur à la section jeunesse de Radio-Canada. Il y réalise 52 épisodes de *Pépinot et Capucine* sur film noir et blanc 16 mm. Les textes sont de Réginald Boisvert. Production: Radio-Canada.
1956-1957	Réalisateur de *Radisson*, dont le scénariste est John Lucarotti. Vingt-six épisodes de trente minutes sur film noir et blanc, tournés en français et en anglais. La série sera vendue aux États-Unis. Production: Radio-Canada.
1957-1958	Assume la réalisation de 10 épisodes de *Beau temps, mauvais temps*, une série dramatique pour les adolescents écrite par Lise Lavallée. Production: Radio-Canada. Réalise 39 épisodes d'un feuilleton pour les adolescents intitulé *Jeunes visages*, écrit par Alex Pelletier. Production: Radio-Canada.
1959-1961	Réalise 72 épisodes de la série d'aventures *CF-RCK*. Les scénarios sont écrits par une équipe sous la direction de Marcelle Racine, Maurice Leroux et Guy Fournier. Les dialogues sont de Marcel Dubé et Roger Garand. Production: Radio-Canada. Réalise *Histoires extraordinaires (L'Homme à l'oreille cassée, L'Auberge rouge et Bonheur au*

jeu) d'une durée de soixante minutes, sur film noir et blanc, d'après un scénario et des dialogues de Jean-Louis Roux. Coproduction: Niagara Films et Radio-Canada.

1962-1965 Réalise 91 épisodes de la série *Rue de l'Anse*, d'une durée de trente minutes, toujours sur film noir et blanc 16 mm. Les dialogues sont de Jovette Bernier. Les scénaristes sont dirigés par Guy Fournier. Il s'agit de Pierre Patry, Clément Perron, Léonard Forrest, Richard Pérusse, Roger Garand, Lucien Marleau, Jacques Létourneau entre autres. Production: Radio-Canada.

1966 Dirige avec Monique Lepage le théâtre d'été The Piggery, à North Hatley. Création d'une pièce québécoise de Guy Fournier, *C'est maintenant qu'il faut boire*.

1966-1968 Participe avec Rolland Guay à la préproduction et à la production de 39 épisodes de la première série en couleurs de Radio-Canada, *D'Iberville*. Pierre Gauvreau réalise 22 de ces émissions. Synopsis et *script-editing* de Guy Fournier, scénario de Jacques Létourneau et dialogues de Jean Pellerin. Coproduction: Radio-Canada, Office de la radio-télévision française, Radio-télévision belge, Société suisse de radio-télévision.

1968 Quitte Radio-Canada pour Radio-Québec à titre de directeur du service de la réalisation. Met en œuvre la série *Les Oraliens* (125 épisodes) et *Les Cent Tours de Centour*. Le producteur délégué est André de Bellefeuille. Production: Radio-Québec et le ministère de l'Éducation du Québec.

1970 Passe à l'Office national du film à titre de producteur-chef du studio de fiction. Responsable du programme des premières œuvres.
À titre de producteur, il termine les films *L'Exil* de Thomas Vamos et *Stop* de Jean Beaudin.
Il produit *Ty-peupe* de Fernand Bélanger, *Pizzagone* de Philippe Amiguet, *Et du fils* de Raymond Garceau, *IXE-13*, la comédie musicale de Jacques Godbout et François Dompierre, et *Le Temps d'une chasse* de Francis Mankiewizc.
Il entreprend la préproduction de *Taureau* de Clément Perron et de *OK Laliberté* de Marcel Carrière et Jean-Pierre Morin.

1971 Nommé directeur de la production française à l'ONF.

1972 Quitte ses fonctions et redevient pigiste.

1972-1973 Réalise 26 reportages pour une série intitulée *On n'a plus les séances qu'on avait* sur les troupes de l'Association du jeune théâtre québécois.
Réalise *Les jeux sont faits*, une adaptation pour la télévision du spectacle du Théâtre sans fil, d'une durée de quatre-vingt-dix minutes. Production: Radio-Québec.
Réalise cinq documents de deux heures sur les spectacles du Festival du jeune théâtre québécois, à Jonquière. Production: Radio-Québec.
Réalise 26 épisodes d'une série sur l'art en milieu populaire au Québec, *Si l'monde savait*. Production: Radio-Québec.

1974 Pour le magazine télévisé *Femmes d'aujourd'hui*, réalise *Abercorn,* un document d'une heure où sept femmes racontent la vie dans leur village. Production: Radio-Canada.
Écrit et scénarise *À bien y penser,* une télésérie destinée à Radio-Canada qui n'aboutira pas mais qui sera reprise et retravaillée plus tard sous le titre *Le Temps d'une paix.*

1975 Réalise pour *Femmes d'aujourd'hui* trois films sur des femmes vivant en milieu rural. Production: Radio-Canada.

1975-1977 Réalise la série de dramatisations historiques *Aux yeux du présent* sur des scénarios de Jean-Pierre Morin, Christian Delmas, Denys Saint-Denis, Lise Lemay-Rousseau, Marc Aras et André Caron. Production: Radio-Québec.

1977 Écrit *Vendredi, 16 h 45*, un téléthéâtre sur le chômage des cadres, réalisé par Jean Faucher. Production: Radio-Canada.
Écrit une dramatique à un seul personnage, *Conrad*, réalisé par Guy Leduc. Production: Radio-Québec.

1977-1978 Chef intérimaire du service des émissions féminines de Radio-Canada.

1978-1979 Réalise 13 épisodes de la série *Chez Denise* de Denyse Filiatreault. Production: Radio-Canada.

1979 Écrit les 24 premiers épisodes de trente minutes de la série *Le Temps d'une paix*, réalisés par Yvon Trudel. Production: Radio-Canada.

1980-1981 Écrit 26 nouveaux épisodes du téléroman *Le Temps d'une paix.* Les 50 premiers épisodes sont distribués sur le marché international. Les 24 premiers font l'objet d'une distribution en vidéocassettes.

1981-1982 Écrit 26 autres épisodes de la série *Le Temps d'une paix* et une émission spéciale de quatre-vingt-dix minutes de la série qui sera diffusée à la période des Fêtes de 1982 et reprise en 1983. Elle sera également diffusée en version originale sous-titrée au réseau anglais CBC. Cette émission remporte en 1982 le prix Anik, pour la meilleure dramatique produite au Canada.

1982-1984 Écrit 52 épisodes de trente minutes de la série *Le Temps d'une paix.*

1984-1985 *Le Temps d'une paix* passe à soixante minutes. Diffusion de 20 épisodes. Il reçoit en 1985 le Prix du ministre des Communications, secteur de la télévision.

1985-1986 Écrit 13 épisodes de la série *Le Temps d'une paix*. L'émission reçoit trois prix Gémeaux, dont un pour l'écriture. Les autres vont à la réalisation et pour la meilleure série dramatique. En 1986, les lecteurs de *T.V. Hebdo* choisissent *Le Temps d'une paix* comme la meilleure émission des vingt-cinq dernières années.

1987 Pierre Gauvreau remporte un deuxième prix Gémeaux pour l'écriture de son téléroman *Le Temps d'une paix.*

1987-1989 Scénarise son prochain téléroman: *Cormoran.*

1987-1991 Radio-Canada rediffuse les 102 premiers épisodes du téléroman *Le Temps d'une paix.*

1990-1991 Diffusion des 26 premiers épisodes de *Cormoran*, réalisés par Yvon Trudel et Andrée Pérusse. Production: Radio-Canada.

1990 Pierre Gauvreau reçoit le Grand Prix de l'Académie du cinéma et de la télévision pour l'ensemble de son œuvre. Il est également nommé Personnalité de l'année dans le domaine des arts et du spectacle par le jury du journal *La Presse.*

1991 *Le Temps d'une paix* est choisi meilleur téléroman de tous les temps par les États généraux du monde rural.

1991-1992 Diffusion de 26 nouveaux épisodes de *Cormoran,* réalisés par Lise Chayer, Andrée Pérusse et Louise Monpetit.

1993 Diffusion à compter de janvier de 13 épisodes de *Cormoran,* réalisés par Lise Chayer, Andrée Pérusse, Louise Monpetit, Pierrette Villemaire et André Tousignant.

1993 Diffusion à compter de septembre des 13 derniers épisodes de *Cormoran,* réalisés par Pierrette Villemaire et André Tousignant.

1994 *Cormoran* reçoit le prix Anik de la meilleure série dramatique, réseaux français et anglais. Au gala des prix Gémeaux, *Cormoran* est désigné meilleur téléroman et Pierre Gauvreau reçoit le Gémeaux du meilleur texte.

1994-1997 Écrit le troisième volet de la série télévisuelle sur le Québec en route vers le monde moderne, *Le Volcan tranquille.*

1997 Première saison du téléroman *Le Volcan tranquille*, diffusé à Radio-Canada et réalisé par Pierrette Villemaire, Yves Mathieu, Réjean Bourque, François Côté et Claude Maher.

Table

Cet ouvrage composé en Garamond corps 12
a été achevé d'imprimer
le six novembre mil neuf cent quatre-vingt-dix-sept
sur les presses de l'imprimerie Gagné
à Louiseville
pour le compte des
Éditions de l'Hexagone.

Imprimé au Québec (Canada)